Aperçu socioculturel de l'ethnie logo

Les Arts d'ailleurs
Collection dirigée par Dominique Berthet, Dominique Chateau, Giovanni Joppolo, Bruno Péquignot

Cette collection s'adresse à tous ceux qu'intéressent les formes d'art qui ont pu émerger ou émergent encore à l'écart du champ artistique dominant. Non seulement les arts dits premiers (africains, océaniens, etc.), mais toute manifestation d'art contemporain où une culture « non occidentale » s'exprime – art de la Caraïbe, d'Amérique du sud, d'Afrique, d'Asie… et d'ailleurs. Les livres de la collection, monographies ou traités, développent une approche ethnoesthétique, historique, philosophique ou critique.

Titre parus

Patricia DONATIEN, *L'art caribéen, le penser pour le dire, Réflexions autour de la littérature, des arts visuels, de la musique et de la danse*, 2017.
Kra N'GUESSAN, *Vue d'Afrique. Regards croisés*, 2015.
Eric VALENTIN, *Joseph Beuys. Art, politique et mystique*, 2014.
Olivier VARGIN, *Regards sur l'art contemporain russe (1990-2010)*, 2010.
Samar NAHED HAKIM, *L'imaginaire dans l'art et la poésie au Liban*, 2009.
Iba Ndiaye DJADJI, *Propos esthétiques, édité par Abdou Sylla*, 2009.
Olivier VARGIN, *Regards sur l'art de « l'autre » Europe. L'art contemporain est-européen après 1989*, 2008.
Giovanni JOPPOLO, *Portraits en métissages*, 2008.
Olivier VARGIN, *Regards sur l'art polonais de 1945 à 2005*, 2008.
Iba NDIAYE DIADJI, *La critique d'art en Afrique*, 2006.
Iba NDIAYE DIADJI, *Qui a besoin de la critique d'art en Afrique – et ailleurs ?*, 2006.
Dominique BERTHET, *Les corps énigmatiques d'Ernest Breleur*, 2006.
Pie-Aubin MABIKA, *Les arts d'ailleurs*, 2006.

Julien IRUMU AGOZIA KARIO

Aperçu socioculturel de l'ethnie logo

Préface de Jean TANDELE MAKIAZELE

© L'Harmattan, 2018
5-7, rue de l'Ecole-Polytechnique, 75005 Paris

http://www.editions-harmattan.fr

ISBN : 978-2-343-12255-7
EAN : 9782343122557

DEDICACE ET REMERCIEMENTS

- A ma mère Lucie GBATAYO :

en *lògòtī* (en langue *logo*)	traduction française
Éyá	Maman
Mé ārétá yā	N'eût été toi
Tánō mā yō	Je n'aurais pas existé
Àwóyà	Merci

- A Alain BRIKI MAYELE, pour l'impeccable illustration de cet ouvrage ;

- A ADRWABA BAYO et DRANDEMA KOLIWA, pour les informations fournies ;

- Et à tous ceux qui ont contribué de l'une ou de l'autre manière à la réalisation de ce travail.

SIGLES ET ABREVIATIONS

1. Tons

/ : Ton *haut*
\ : Ton *bas*
_ : Ton *moyen*
v : Ton *bas-haut* (Ton module)
^ : Ton *haut-bas*

Des *tons modulés* du type *haut-moyen, bas-moyen* existent dans la chaîne de pensée.

2. Voyelles :

La voyelle antérieure du second degré notée [e] a comme correspondante postérieure [ʋ] et elle est réalisée comme la voyelle française [é] rencontrée dans les mots él̲è̲ve, él̲é̲ments, etc. Sa correspondante postérieure [ʋ] est rare dans la langue logo.

Les voyelles de troisième degré d'aperture notées respectivement [ɛ] et [ɔ] sont ouvertes dans la langue. Pour des raisons pratiques la voyelle [ɔ] est notée [O], car son opposée [o] fermée n'existe pas dans la langue. Par contre, la voyelle antérieure [ɛ] ouverte reste telle quelle.

3. Symboles divers

[ ] : Transcription phonétique
| | : Limite de proposition
| : limite des mots
// // : limite des phrases (énoncés)
Ib. : Ibidem
Id. : Idem
Ø : Absence de signe
V : Verbe
n : Nominal
Op. cit. : Opus citatum
Sic : Signale une erreur dans une citation
= : Egale ou signifie
⇒ : Entraine, implique
( ) : Parenthèse, encadrement, insertion

~ : L'un ou l'autre
Nég : Négation
Adj : Adjectif
Adv : Adverbe
S/: Strophe
R/: Refrain

PREFACE

Le livre du professeur Irumu Agozia Kario « Aperçu socio-culturel de l'ethnie logo », est une approche ethnolinguistique descriptive et analytique de l'organisation socio-culturelle des *Logo*, établis dans les territoires de Faradje et de Watsa, dans l'extrême nord-est de la République Démocratique du Congo, au sud de la République du Soudan du Sud.

Pour faire comprendre au lecteur la société Logo, l'auteur situe d'abord ce peuple dans ses origines historiques et linguistiques (sous-famille linguistique appelée *Soudan central*) ainsi que dans leurs mouvements migratoires nomadiques vers le sud, en quête de terres plus fertiles et d'un territoire propre à eux pour s'y installer définitivement en vue de mener une vie sédentaire paisible. Ensuite il a montré comment dans les années 1911, la colonisation belge au Congo a trouvé le peuple Logo, elle l'a stabilisé et organisé en plusieurs chefferies correspondant à ces vastes regroupements claniques sous les chefs désignés par les colonisateurs dans l'espace administratif Logo actuel reconnu par l'état congolais.

L'auteur s'est enfin étendu sur la substance centrale de son ouvrage en expliquant en grandes lignes les structures sociétales Logo sur lesquelles la vie communautaire logo est fondamentalement axée. Notamment la famille et le clan, avec la primauté de ce dernier sur la famille.

En effet, la structure sociale maîtresse dans la vie communautaire logo est le clan qui absorbe la famille cellulaire dont plusieurs sont issues d'un ancêtre lointain commun. Ce qui forme un réseau de liens formels des individus dans la communauté clanique solide et indivisible aussi bien dans la naissance, comme dans l'assistance aux malades et la participation aux deuils ou aux travaux communautaires, aux bénéfices des familles qui en appellent à l'assistance des membres du clan ou du village.

Sur le plan purement culturel, l'auteur a dévoilé le génie artistique logo en fabrication des outils de travail pour la vie domestique, le mariage, pour le travail agricole et de ramassage, de la cueillette, la pêche, la chasse ainsi que pour la musique, en fournissant à l'appui de sa présentation les dessins d'illustration, suivis de leurs noms et une liste de proverbes logo sur la vie courante, le tout exprimé en *logoti* (langue logo) avec leurs traductions en français.

Enfin, l'éducation à la vie conjugale, surtout à la conduite des coépouses et de leur époux dans les foyers polygamiques, rendus par des chansons appropriées pour maintenir des relations paisibles et harmonieuses entre les coépouses d'une part, et avec leur mari d'autre part, boucle la présentation descriptive et analytique de l'organisation et la pratique socioculturelle de la vie familiale et clanique, sociologique et matrimoniale de l'ethnie Logo. Un vocabulaire des mots clés des textes des chansons collectionnés en *logoti*, comprenant les proverbes y relatifs, traduits, interprétés et analysés accompagnent, comme l'éclairage sémantique, les leçons éducatives tirées de ces chansons qui agissent en garde-fou pour la protection de vies conjugales apaisées au sein particulièrement des familles polygamiques.

Professeur Jean TANDELE MAKIAZEL

AVANT-PROPOS

Le présent ouvrage est un survol de la culture logo, un peuple situé dans l'extrême nord-est de la République Démocratique du Congo, à la frontière avec le Soudan du Sud. Dans un pays multilingue et donc multiculturel comme le nôtre, il nous semble important *que les particularités culturelles de chaque entité soient bien connues en vue de préparer une intégration nationale harmonieuse.* Qu'aucune partie ne se sente dominée par une autre. Au contraire, qu'on s'apprécie les uns les autres et qu'on s'accepte mutuellement pour une vie communautaire harmonieuse. En effet, la RDC compte deux grandes aires culturelles : l'*aire bantu* (lire bantou) au sud du pays, majoritaire, et l'*aire soudanaise*, au nord qui occupe environ un tiers du pays.

Plusieurs études ont été faites sur le peuple bantu, tandis que la partie nord, n'a jusque-là qu'été très peu explorée. C'est pourquoi, pensons-nous, des telles études, même isolées, peuvent contribuer à apporter des éléments qui permettent de bien connaître les peuples dits soudanais. Car le terme soudanais, non lié aux cultures concernées, ne traduit aucune réalité locale. De l'arabe, le terme *souda* veut simplement dire *noire*, terme utilisé par les anthropologues français pour désigner l'ensemble des populations allant du Niger, en passant par le Mali, le Burkina Faso, le Cameroun, le Tchad, la Centre-Afrique et par le Nord-Est de la RDC jusqu'au fleuve Nil. C'est ainsi que les linguistes qui l'ont adopté ont désigné la famille linguistique englobant cette vaste région à la famille dite *Nilo Saharienne*, avec la sous-famille soudanaise centrale dans laquelle se retrouvent plusieurs langues du Nord-Est de la RDC[1].

D'autres langues de cette partie du pays se retrouvent dans la famille linguistique *Adamawa-Oubanguiènne* selon Greenberg[2].

Pour la culture bantu, si l'élément linguistique, le vocabulaire *bantu* et ses variantes *umundu*, *utu*, etc., désignant l'homme a ouvert la voie à l'identité culturelle commune, il n'en est pas de même pour les cultures soudanaises.

Néanmoins, il y a d'autres éléments culturels qui ne laissent aucun doute qu'il s'agit de peuples qui partagent beaucoup d'éléments communs dans leurs façons de vivre, dans leurs parlers. A la lecture de l'ouvrage

---

[1] Pour plus d'informations, le lecteur pourra lire avec intérêt : J. G. GREENBERG, *The Languages of Africa*, second edition, The Hague, Mouton, 1966.
[2] A. TUCKER, *The Eastern Sudanic languages*, Oxford University Press, London, 1940.

intitulé *Aperçu Socioculturel de l'ethnie Logo*, nous sommes persuadés que les peuples de la culture soudanaise s'y identifieront, tandis que ceux de la culture bantu découvriront les différences culturelles existant entre les deux cultures.

Ainsi, *en connaissant la façon de vivre de celui avec qui l'on vit, on régule sa façon de vivre pour créer l'harmonie dans la communauté.* La loi de la biodiversité n'agit-elle pas pour créer l'harmonie dans la nature ? Si oui, nous, les hommes, qui faisons partie de la biodiversité, ne pouvons pas échapper à cette loi naturelle à laquelle nous sommes liés.

Ne perdons pas de vue que *les sources des conflits récurrents de la République Démocratique Congo viennent en grande partie de l'ignorance des droits à la différence, et donc par conséquent, à l'ignorance de la biodiversité qui s'applique indubitablement dans tous les secteurs de la vie.*

La loi de la biodiversité ne signifie pas *conflictualité*, mais plutôt *complémentarité* pour une coexistence harmonieuse et par conséquent pacifique. En d'autres termes, pour vivre en harmonie, nous devons d'abord connaître nos différences en vue de les gérer en conséquence. Car les différences constituent une richesse à capitaliser pour créer une culture nouvelle solide qui tire ses racines de toutes parts.

Julien IRUMU AGOZIA KARIO
Kinshasa, Janvier 2018

0. INTRODUCTION GENERALE

Le peuple Logo habite l'extrême nord-est de la République Démocratique du Congo, dans les territoires de Faradje et de Watsa.

Dans le territoire de Faradje, où les Logo sont majoritaires, ils occupent cinq collectivités sur les huit alors que dans le territoire de Watsa, ils n'occupent qu'une seule collectivité, celle de *Logo-bari*. Toutefois, il convient de préciser que dans la cité de Watsa, qui compte actuellement environ quatre-vingt mille habitants, ils représentent quatre-vingt pour cent de cette population, sans compter ceux qui se trouvent dans la ville minière de Durba en pleine expansion aujourd'hui.

Les voisins immédiats des Logo sont les *Mondo* et les *Kakwa* au nord, les *Zande* à l'ouest, les *Mangbutu* et les *Dongo* au sud et les *Kaliko* (*Lugbara*) à l'est. Le nombre de la population Logo peut être estimé aujourd'hui à plus de 600.000 habitants, dans les deux territoires.

Les Logo parlent le *Logoti* (la langue de Logo) classée par Tucker[3] comme une langue du groupe *Moru-Madi-Mangbetu*, de la famille du Soudan Central, *phyhum Nilo-saharien*.

La population Logo n'a rien à avoir avec la République Islamique du Soudan, ni avec le Soudan du Sud. Il s'agit plutôt d'une vaste zone culturelle et linguistique allant du Mali au fleuve Nil, en passant par le Burkina Faso, le Sud du Tchad, la République Centre-Africaine et l'extrême nord-est de la République Démocratique du Congo.

Cette étude tente d'*analyser quelques chansons en rapport avec la vie conjugale afin de déterminer le rôle qu'elles jouent au sein de la société Logo*. Il s'agit donc d'une *approche ethnolinguistique*, c'est-à-dire l'*étude des faits sociaux par des analyses linguistiques*.

Lorsqu'on parle de chanson, on pense vite, très vite à cette composition chantée, souvent pour faire plaisir à l'homme ou pour exprimer ses sentiments de plaisir, de joie ou de malheur et on se limite là. Or, *lorsqu'on analyse en profondeur un certain nombre de chansons, on constate qu'il y a autre chose au-delà des sentiments de joie ou de malheur*. Ce sont des *conservatoires de la mémoire collective*. Elles codifient la mémoire collective et la perpétuent pour les générations à venir.

---

[3] A. TUCKER, *The Eastern Sudonic language*, Vol. I, International Institute of African Language and Cultures, Oxford University, London, 1940, p. 36.

Dans les sociétés dites primitives, c'est-à-dire *dans les sociétés de tradition orale, les chansons jouent le même rôle que les documents écrits qui servent à conserver la mémoire de l'homme et à la pérenniser pour la génération future.*

Voilà ce que nous pensons montrer par l'existence des chansons qui se conservent pendant plusieurs siècles sans que les messages conservés ne s'altèrent.

Au-delà de l'analyse des chansons, seront également présentés *quelques vocabulaires et expressions relatifs à la vie conjugale*, afin d'aider les lecteurs à mieux pénétrer la compréhension des chansons analysées.

La phonologie de la langue Logo, note Irumu[4], présente les voyelles et les consonnes de cette langue de la manière suivante :

0.1. Voyelles : a, ɛ, e, í, ɔ, u

La voyelle [e] est réalisée comme le [é] français dans élève.
Il n'y a pas de [e] fermé en *logoti*, mais le [ɛ] ouverte est très fréquente.
La voyelle [ʊ], postérieure, est plutôt rare.
La voyelle [ɔ] est toujours ouverte.
Elle est la correspondante postérieure de [ɛ].

0.2. Tons dans la langue Logo

La langue Logo atteste trois *tons ponctuels* qui sont : *haut* (/) *moyen* (-) et *bas* (\).

Il existe également des *tons modulés haut-bas* (^) *bas-haut* (v)… En voici quelques illustrations :
sí : dent
sī : descendre
sì : enterrer, cogner
pá : pied
pā : ravir
pà : éparse
bă : corde…
Ci-dessous le tableau vocalique de la langue Logo :

---

[4] Cf. J. IRUMU AGOZIA KARIO, *Description du Logoti (Nord-Est du Zaïre) : Phonologie, Esquisse grammaticale et lexique logoti – Français*, Paris, Thèse de doctorat soutenu à l'Université de la Sorbonne Nouvelle (Paris III), inédit, p. 1986, p. 66-99.

```
    i              u
     e            ʊ
      ɛ          ɔ
         a
```

Les tons portés par les voyelles logo dans la chaîne parlée étant des *tons fixes*, c'est-à-dire *significatifs*, il est plus réaliste et objectif de présenter le tableau de voyelles complet de la manière suivante :

í, ī, ì   ú, ū, ù
  é, ē, è   ʊ́, ʊ̄, ʊ̀
    ɛ́, ɛ̄, ɛ̀   ɔ, ɔ, ɔ
         á, ā, à

En réalité, il existe 21 phonèmes vocaliques Logo, et non sept comme on peut le lire sur le premier tableau.

0.3. Consonnes logo

ɓ, p, ɓ, mb, mb, m, w, v, mv, t, d, nd, n, l, tr, dr, ndr, r, s, z, nz, j, P, y, g, ng, ŋ, kp, gb, ngb

CHAPITRE PREMIER

STRUCTURES SOCIALES TRADITIONNELLES LOGO

1.0. Entrée en matière

Parmi les institutions humaines les plus anciennes se retrouve la famille[5]. Les rôles les plus importants qu'elle joue sont ceux de la reproduction, la socialisation, l'entraide, etc.[6] Qu'en est-il de la société traditionnelle logo ?

1.1. Institutions sociales Logo

La société traditionnelle logo n'a connu que deux institutions sociales : la *famille* et le *clan ou la famille élargie*.

1.1.1. Idée de famille chez les Logo

La famille à laquelle le Logo donne une grande importance est généralement composée du père, de la mère ou des mères et des enfants. Ceci implique que la société traditionnelle logo connaît deux types de structures familiales : une famille traditionnelle logo est composée soit du père, de la mère et des enfants (*famille monogamique*), soit du père, des mères et des enfants (*famille polygamique*).

1.1.1.1. Place de choix réservé à la polygamie

Le cas le plus repandu dans la société traditionnelle logo était la famille polygamique. Plusieurs raisons justifient l'existence de *maniage polygamique* chez les Logo :
1) engendrer le plus grand nombre d'enfants possible, car ils constituent une main-d'œuvre indispensable pour la famille ;
2) assurer la progéniture afin de perpétuer le clan ;
3) disposer d'hommes valides, capables de défendre militairement le clan contre les ennemis.

Dans ce triple souci, la préférence était d'avoir plus de garçons que de filles, surtout que les Logo sont du système matrimonial patrilinéaire. C'est le garçon qui assure la perpétuité de la famille, car ses enfants lui appartiennent ; c'est lui qui exécute les tâches les plus lourdes (le champ,

---

[5] J. R. LANDIS, *Sociology : Concepts and Characteristics*, Sixth Edition, Belmont, California, 1986, p. 197.
[6] *Ib.*, p. 197.

la chasse, etc.) de la famille. C'est encore lui qui peut défendre la famille contre les dangers de diverses sources. Cela ne signifie pas que la femme est négligée. Au contraire, elle a des tâches précises qui lui reviennent. Une femme prolifique finit par s'imposer dans la famille au point qu'elle peut commander ses coépouses dans les activités culinaires, champêtres et autres. Elle est appréciée suivant sa capacité de travail et son comportement social, surtout la serviabilité.

Pour comprendre l'importance de la femme (mère) dans la société logo, il convient de considérer les expressions suivantes qui constituent des injures impardonnables. Il s'agit de :
- *áme andrɛ ne taðɛ́ kɛ́sɛ́ kòka médri kángo ɫòwa téné*
- //*votre/ mère+poss/ vagin/ graine/ rougir/ sur/ levée du soleil/ comme*//

Aucun équivalent n'existe en français. Il s'agit d'une expression qui sert à designer la partie la plus intime d'une femme, en tant que mère, pour blesser son adversaire dans son fin fond. Lorsque l'adversaire vous le prononce, la réaction est immédiate, c'est la bagarre !

Car nul ne peut accepter que l'on cite la partie intime de sa mère, organe par lequel elle lui a donné la vie.

La mère, source de vie, ne peut en aucun cas être citée et vilipendée publiquement. Chez le Logo la femme est sacrée avec tout ce qui lui est intime. Souvent, par pudeur, l'on ne prononce pas entièrement cette expression, elle est abrégée de la manière suivante :

En logoti	Traduction française
áme andrɛ kàka médri	// votre/mère/rougir/vous/sur//
Ou simplement	
áme andrɛ	// votre/mère// = vôtre mère !

Cette expression simplifiée jusqu'à son usage normal dans le langage courant, reste une injure selon les circonstances. Quand on affronte quelqu'un, elle est une injure.

Alors que dans le langage courant, on peut dire :

En logoti	Traduction française
áme andrɛ azí ma	//votre/mère/appeler/moi// = votre mère m'a appelé

Dans ce cas ici, elle ne pose aucun problème. C'est pendant des disputes qu'elle constitue une injure, car un locuteur Logo comprend directement que par pudeur on élude la partie sacrée de l'expression *tádɛ kɛ́sɛ́* (en logoti), clitoris (en français).

Chez les Logo, on peut injurier le père de quelqu'un, mais la réaction ne sera pas la même que lorsqu'une mère est injuriée.

Curieusement, la même expression est utilisée dans d'autres circonstances telles que la chasse ou la guerre comme un *cri d'alarme* ou *cris de guerre*.

A la chasse, lorsqu'un père de famille qui conduit la chasse, découvre un gibier, il crie sur les enfants en injuriant leur mère. C'est une alerte !

En logoti	Traduction française
ànzya de ameke andrε kòka àmedri	//enfants/ces/vôtre/mère/rougir/vous/sur//

Lorsque celui qui conduit la chasse crie de cette façon, tout le monde se met à poursuivre le gibier pour l'attaquer, car il s'agit d'un véritable défi qui leur est lancé.

La spontanéité dans la réaction est de mise, car le danger est là, il n'y a plus à se demander ce qu'on doit faire. Il en est de même lorsqu'on est attaqué par l'ennemi. Cette expression constitue donc ici un cri d'alarme et un cri de guerre. Elle n'est plus une injure. D'où son interprétation philosophique qui traduit l'importance accordée à la mère comme source de vie qui doit être évoquée en cas d'émergence. Ainsi, tout acte tendant à dénigrer la mère entraîne le combat pour la défendre.

Dans la société traditionnelle Logo, une famille polygamique avait toute son importance et elle était considérée comme pilier de la communauté, car, avec le plus grand nombre de personnes, elle était capable de produire suffisamment de nourriture à partager avec les autres membres du clan.

1.1.1.2. Interprétation logo de la famille monogamique

La famille traditionnelle monogamique quant à elle, n'attirait que moins l'attention de la communauté, sinon négativement, car la monogamie était vite traitée de famille d'avares, des gens qui ne veulent pas partager avec les autres. Et si par malheur, la famille monogamique n'a pas d'enfants, elle est vite traitée de famille de sourciers parce qu'elle n'a pas envie de perpétuer le clan. Plusieurs critiques seront formulées à l'endroit de la famille. Il appartient alors au mari de comprendre qu'il doit tout faire pour se raviser, c'est-à-dire, soit il épouse une autre femme avec laquelle il donnera la preuve qu'il n'est pas stérile, tout en gardant la première épouse s'il n'y a rien à reprocher à son comportement ; soit il se soumet à des pratiques qui leur permettront finalement d'avoir des enfants. Sinon, la famille lui conseillera simplement de se débarrasser de sa femme. L'enfant est chez les Logo la raison majeure de l'existence du mariage. C'est pourquoi le mariage n'est pas l'affaire du seul époux et de la seule épouse, mais celle du clan, c'est-à-dire la famille élargie qui comprend les grands-parents, les oncles et les tantes paternels, les cousins et les cousines, sans que cela ne se mêle avec tout ce qui regarde les familles des épouses, avec lesquelles d'autres types de relations familiales sont entretenues.

Il est important de noter que dans la langue Logo (Logoti), il n'existe pas un terme précis pour désigner cet ensemble composé du père, de la mère ou des mères comme étant une famille. La réalité existe, sans être désignée par un terme précis, car elle dépend du clan, c'est-à-dire la famille élargie. L'on sait que, quand un homme prend une femme ou des femmes, il se marie, ce qui est exprimé par le verbe (*tòkó*) *mõ* = (femme) épouser et l'acte, le mariage est rendu par le terme *lamo* qui signifie mariage. L'époux étant *ágó* et l'épouse *tòkó* qui sont en même temps des termes génériques pour l'*homme* et la *femme*.

Par contre, le terme pour désigner le clan existe. Il s'agit de *súrú* = *clan*. C'est donc le clan qui prime sur la famille restreinte.

En logoti, lorsque je dis :

ámé tòkó	cela signifie nécessairement *votre épouse*
	et non
	votre femme
de même lorsque je dis :	
Ameágó	*votre mari*
	et non
	votre homme

1.1.1.3. Place de l'homme, des enfants et épouses dans une famille

Au sein d'une famille polygamique, *l'homme* est l'épicentre, la clef de voûte de toutes les activités. C'est l'homme qui organise les travaux des champs pour le compte de chaque épouse. C'est lui qui organise les activités des enfants et de ses épouses.

Quant aux *enfants*, on verra par exemple tous les garçons majeurs prendre leurs houes le matin pour l'accompagner alors que les plus petits peuvent suivre après. Il en est de même lorsqu'il faut aller à la chasse ou à la pêche. On verra aussi par exemple l'un des plus jeunes fils, le plus aimé, être le seul à apporter la chaise de son père autour du feu…

Relativement aux *épouses*, celle qui chauffe l'eau pour que le mari se baigne le soir, est celle qui le recevra dans sa cabane ce jour-là. Ce sont les filles qui vont puiser l'eau pour approvisionner la maison et elles font la cuisine avec leurs mères. Il en est de même des tâches qui reviennent aux femmes dans les champs. Généralement, les femmes s'occupent des travaux légers du champ : semence, sarclage et la récolte. Le défrichage et le labour reviennent aux hommes. Toutes les épouses sont censées être traitées de la même manière par leur époux : mêmes dimensions de champs à chacune des épouses, le même tour des cabanes, etc.

Tous *les enfants considèrent toutes les coépouses de leur père comme leurs mères*. Tout cela constitue l'effort tendant à créer l'harmonie au sein du foyer afin d'éviter des querelles inutiles qui peuvent dégénérer et aboutir à un éclatement de la famille comme nous le verrons plus loin. C'est pourquoi, tous les enfants, garçons et filles, s'acceptent comme frères et sœurs, sans la moindre notion de demi-frère ou demi-sœur.

D'une manière générale, ça fonctionne plutôt bien, contrairement à ce qu'on pourrait croire. Sauf si au foyer, une épouse, par mécontentement ou par jalousie, se permet de monter ses propres enfants contre les autres. C'est malheureusement ce qui arrive souvent, entraînant l'éclatement de la famille.

1.2. Qu'en est-il du mot clan : la famille élargie ?

Pour mieux saisir le sens du terme *clan* adapté à la réalité logo, rappelons d'abord celui donné par le Dictionnaire Encyclopédique ; puis, ce qui correspond à la notion de clan pratiquée par les Logo ; enfin, mettons à découvert quelques caractéristiques d'un clan logo.

1.2.1. Notion de clan dans le Dictionnaire Encyclopédique

Selon le Dictionnaire Encyclopédique édité chez Hachette[7] le *clan* est un groupe d'individus, tous issus d'un ancêtre commun, souvent mythique, parfois représenté par un totem. Cette définition, correcte soit-elle, mérite d'être rendue comme suit, pour répondre aux réalités Logo : le *clan* est un groupe de familles issu d'un ancêtre commun, souvent reconnu et accepté par tous et parfois mythique et représenté par un totem.

---

[7] *Dictionnaire Encyclopédique*, Hachette, Paris, 1994, p. 374

1.2.2. Quintessence du clan chez les Logo

La différence en est que chez les Logo, ce ne sont pas les individus, mais plutôt les familles qui se reconnaissent et se déclarent ayant un ancêtre commun, à qui elles sont toutes rattachées par des liens sanguins et même spirituels. Ensuite, cet ancêtre peut être représenté par un totem, qui ne représente pas un animal comme chez certains clans Bantu, mais prenant un nom que personne ne reconnaît aujourd'hui, ou qui garde son nom Logo reconnu par tous.

Par exemple :

Prenant un nom non reconnu :	Prenant un non connu :
ɛ́úwú	*vòràni*
nyàgérá	*tandroba*
nzérẹ́	*kayiba*
nyàkóɛ́éyá	*málá*
hómá, gbàdò, nzétágò, yàrè, …	*nyáré*

Voilà ce qui peut correspondre à la notion de clan pratiquée par les Logo. Il convient maintenant de relever quelques caractéristiques d'un clan Logo.

1.2.3. Quelques caractéristiques d'un clan Logo

Les membres du clan Logo qui se reconnaissent tels quels, c'est-à-dire ayant des relations de consanguinité, sont des frères et des sœurs. Il n'existe pas chez eux des termes pour faire des distinctions telles que cousin, cousine, neveux, nièce, cousin germain, etc.

Par conséquent, étant liés par le sang, ils ne peuvent pas se marier entre eux. C'est pourquoi, de longs palabres se tiennent lors des négociations de mariage, pour creuser les racines des prétendants, de manière à ne pas tomber dans l'inceste, qui est une abomination chez les Logo. Nous le verrons en détail dans le chapitre sur le mariage.

Dès lors que les membres du clan se reconnaissent tels quels, qu'ils vivent sur un territoire continu ou non, ils se consultent, se concertent autour des problèmes qui les concernent. Par exemple, en cas de mariage d'un enfant, fille ou garçon. Pour le cas d'une fille, ils fixeront la dot ensemble et se la partageront équitablement. Pour le cas d'un garçon, ils mettront leurs moyens ensemble pour honorer la dot. Ces échangés peuvent aller loin jusqu'à résoudre des problèmes liés au deuil.

L'éducation des enfants n'incombe pas seulement aux familles qui les ont engendrés, mais à tout le clan. L'enfant de la famille X qui se présente à la famille Y est accepté et traité de la même manière que les enfants de la famille Y dès lors qu'on identifie son père comme appartenant au clan.

Cela montre que le clan, à la tête duquel se trouve généralement le plus ancien, entouré de quelques sages, dispose d'un pouvoir absolu sur ses membres. C'est pourquoi tout différend entre les membres se règle devant ce groupe.

Le terme *súrú* du logoti, qui pouvait bien couvrir le champ sémantique du terme français « clan », reste assez vague, car il peut aussi désigner la tribu ou l'ethnie. Il peut même s'appliquer à la nationalité.

Concluons ce chapitre en affirmant que la structure sociale logo d'avant la colonisation était plus centrée sur la famille restreinte composée du père, de la (des) femme(s) et des enfants. Elle se limitait au niveau du clan, vu comme un ensemble des familles restreintes partageant un ancêtre commun, connu ou inconnu, mais accepté par tous comme étant le noyau de départ de leur existence. Nous verrons dans le chapitre qui suit comment cela a évolué sous la colonisation.

CHAPITRE DEUXIEME

**STRUCTURES SOCIALES LOGO
A LA COLONISATION**

2.0. Position du problème

Nous nous proposons à présent de dégager les structures sociales Logo telles que voulues par les colonisateurs. En effet, pour saisir l'armature ethnique actuelle du peuple Logo, il convient de partir de ce qui fonde son émergence. Cette démarche évidemment historique est retenue intentionnellement : elle nous sert de sol nourricier où nous allons puiser le suc de nos analyses pour déterminer les structures sociales Logo.

2.1. Tentatives de regroupements des populations

Plusieurs tentatives de regroupement des populations ont été mises en scène. Pour les revisiter, il convient d'abord d'en rappeler les présupposés ou mieux les prétextes.

2.1.1. Prétextes de regroupements

La colonisation belge a atteint l'ethnie Logo au début du 20e siècle, précisément vers 1911, après la guerre de Redjaf, au cours de laquelle les Belges ont réussi à déloger les *Mahadistes* qui régnaient encore dans le bassin de l'Uélé. C'est à cette période que les limites définitives de la colonie belge du Congo ont été tracées.

A ce sujet, Samba Kaputo circonscrit clairement l'histoire des Logo à la veille de la colonisation belge et leur implication par le truchement du Chef Sirigi Matafa, dans la pacification de l'Ituri[8].

En effet, Samba Kaputo confirme que la tribu des Logo occupe sept dixièmes environ du territoire de Faradje dont la grande partie est située entre la rivière Dungu et la rivière Nzoro, comprise entre les méridiens 29° 30° et 30° 50°. Il a cependant paru nécessaire de les citer dans cette étude principalement consacrée à la région de l'Ituri à cause de leur importance lors de la pénétration coloniale dans les régions de l'Ituri, poursuit-il.

Au cours des années 1900-1901/2, l'administration coloniale fit appel aux Logo pour *pacifier* les groupes *Kakwa, Ndo, Madi, Lugbara,* et *Okebo* de la région de Aru.

---

[8] G. SAMBA KAPUTO, *Phénomène d'ethnicité et conflit ethno-politiques en Afrique noire postcoloniale*, Kinshasa, 1982, p. 130-131.

A la fin du 19ᵉ siècle, les Logo vivaient par groupes dans le territoire compris entre les rivières Garamba et Utua et à travers la région sud allant de Aba jusqu'à Faradje. Parmi ces groupes, l'on peut citer les *Ogambe*, les *Doka*, les *Lolia*, les *Obeleba*, les *Bagela* et les Avokaya. Ce sont là les vrais groupes claniques Logo qui se constituaient après leur première défaite devant la coalition *Basiri, Mondo, Baka, Zande* et alliés.

A cette époque, les limites de la province d'Équatoria, du Soudan anglo-égyptien, atteignaient la rivière *Bomokandi*, mais toute la partie Nord-Est de la région se trouvait aux mains des négriers soudanais qui entretenaient des relations commerciales avec les Zande de *Dukpa*.

Cette présence des négriers explique en effet que les populations de cette région ont effectivement été déportées comme esclaves par les commerçants négriers arabes.

C'est pourquoi, au mois d'avril 1967, Martin Luther King, lors de sa tournée africaine par Nairobi, au Kenya, fera le déplacement à Faradje où il déclara ce qui suit : « J'ai décidé de venir visiter cette région, parce que j'ai appris à travers l'histoire, que mes ancêtres seraient venus de cette région »[9]. Cette tournée avait été rendue possible grâce aux missionnaires protestants de AIM (*Africa Inland Mission*), basés à Nyakunde, en Ituri.

La traite négrière en Ituri et dans l'Uélé n'a donc effectivement pas disparue malgré l'abolition de l'esclavagisme en Occident, car vers 1900, les négriers ont continué à agir activement dans cette région. La région de Faradje a effectivement été dévastée par les négriers arabes. La mémoire collective des années 50 et 60 se souviendra encore de ce que tout le monde savait que les transactions entre Origo et Emvi d'un côté, et les négriers arabes ne concernaient pas seulement les pointes d'ivoire, mais qu'elles tournaient plus autour des esclaves que leur livraient les deux leaders logo. En effet, ils livraient aux Arabes d'autres logo, surtout ceux-là qui ne se soumettaient pas à eux.

L'une des preuves éloquentes de l'existence de l'esclavagisme dans la région est notamment le nom de la collectivité de « *Bagera* » dont l'analyse de l'étymologique nous démontre ce qui suit : en logoti,

- *bá* : substantif qui signifie « homme » (générique)
- *gē* : verbe qui signifie « acheter »

---

[9] Il s'agit d'un fait vécu par l'auteur. Bien que mineur à l'époque, il a au moins retenu l'essentiel du message livré par ce leader noir américain. Le message était traduit de l'Anglais en Bangala, langue véhiculaire locale, par le Révérend Pasteur OPHINO KANDA de la mission protestante de Nyelenya de Aba. La version française est celle de l'auteur.

- *raPā* : adverbe temporel qui signifie « à l'époque où »

Bien qu'abrégé en *bágērá*, ce terme signifie « *à l'époque où l'on vendait les hommes* ». En d'autres termes, « *à l'époque de l'esclavagisme* ». Comment en est-on arrivé là ? Probablement parce que cette entité, qui était le marché d'esclaves, s'est constituée en ce moment-là. La preuve c'est qu'elle est la plus petite collectivité logo qui existe. Une autre hypothèse, c'est qu'elle s'est constituée à partir des Logo ayant échappé à l'esclavage à l'arrivée d'un colonisateur qui n'acceptait plus ce commerce des êtres humains.

Les logo *Ogambé* et les *Logo-Laroba* qui vivaient près du mont *Bayunda* furent attaqués par les *Zande* (une deuxième attaque après celle faite en coalition avec les *Basiri* et alliés) qui tuèrent le chef Kanieroko des *Loriba* (sic) après avoir dévasté le pays des Ogambe. Origo, le fils de Kanieroko fit appel aux Ogambe, désemparés et les réunit sous son autorité. Il fit ensuite la paix avec les Zande, leur céda son territoire pour aller s'installer avec son groupe entre la Garamba et l'*Utua*. Il se trouvait ainsi à la frontière Ouest du territoire occupé par les groupes Logo dont il voulait l'unification.

Origo se rapprocha ensuite à l'Utua et soumit sans lutte les clans *Doka*, *Gila* et *Vosani* (sic). Les Arabes le trouvèrent à ce même emplacement et en firent un allié, le chargeant spécialement de la pénétration vers le Sud. Fort de l'appui des Arabes, Origo continua sa politique d'unification des Logo et soumit tour à tour les *Niay* (sic), les Bari et les *Tibu*.

Les Avokaya formaient alors un groupe isolé sous les ordres de Amva que les Arabes avaient choisi comme intermédiaire dans leurs transactions d'Ivoire. Origo, dont le crédit allait grandissant auprès des Arabes, persuada ceux-ci de destituer Amva et de lui confier l'administration des Avokaya.

Pendant tout son règne, Origo maintint son autorité sur les groupes conquis en leur envoyant des membres de sa famille. Cette politique fut reprise plus tard par Matafa[10] qui, débordant des frontières Logo, porta la guerre chez les Lugbara de la région de Aru.

Matafa était brillamment secondé au cours de ses conquêtes vers le Sud. A la mort d'Origo, Yegi fut mis à mort conformément à la coutume qui prescrivait que le meilleur ami du chef accompagnait celui-ci dans sa tombe. Matafa saisit ce prétexte pour se révolter. Il fut pourchassé par

---

[10] Connu sous ses noms Sirigi Matafa il fut un vaillant chef Logo à qui le colonisateur fit appel pour pacifier l'Ituri.

les Ogambe, les alliés d'Origo, mais réussit à se faire reconnaître comme chef par le Lieutenant De Remette en 1903.

Le Lieutenant De Remette appartient au groupe d'officiers et sous-officiers de Force publique qui séjournèrent dans l'enclave de Lado de 1897 à 1906 sous le commandement successif de Henry, Chaltin et Hanolet[11].

Libéré de la crainte des Ogambe, Matafa eût comme seul objectif d'étendre ses pouvoirs, et s'y consacra entièrement, aidé par ses frères Tandia et Zombo. Il soumit successivement les Logo de l'Est, une partie des Dongo et des Ndo, et leur imposa comme chef son frère Tandia.

Matafa s'attaqua ensuite aux Lugbara. A la fin de 1912, il confia l'administration de cette zone à Zombo, son second frère. En 1914, le territoire tombé sous l'influence de Matafa s'étendait vers l'Est jusqu'aux confins du Congo et du Soudan.

Dans la région de Lugbara qu'il administrait, Zombo constitua son clan dénommé *lu* (*Luwu*), lorsqu'il se retira pour s'installer dans la région de Zumai, les Laroba s'y étaient déjà installés après la mort de Origo. Il eut des démêlés avec ces derniers et il s'installa avec son clan dans l'actuel village Lu(LUWU) situé à trente-cinq kilomètres de Faradje sur la route de Aba.

Arrivés dans cette région, les colonisateurs reconnurent à Zombo l'appartenance de la région allant de la limite avec Doya jusqu'à celle de Ngube.

Les autres groupes de Logo installés dans cette région y sont arrivés à la suite du regroupement des populations le long des routes principales, regroupement opéré par le colonisateur pour une bonne administration.

Pendant que Matafa entreprenait ses expéditions dans la région de l'Ituri, en pays Lugbara ; Ndo, etc...., rapporte Samba Kaputo[12], la colonne du général Chaltin, qui se trouvait basée à Niangara, combattait déjà les Mahadistes dans le bassin de l'Uélé et Chaltin fut instruit par le gouverneur général pour poursuivre sa mission vers le haut Nil sans attendre la colonne de Dhanis.

Le général Chaltin atteignit Faradje et se dirigea vers Redjaf. Sur sa route de Beden, où il livra le 17 février 1897 un combat victorieux contre les Mahadistes, et entra à Redjaf. Les conquêtes de Matafa en Ituri et son

---

[11] G. SAMBA KAPUTO, *Op. cit.*, p. 131.
[12] *Ibid.*, p. 124-125.

alliance de sang avec *Djulu* a fait que le territoire occupé par lui fasse partie intégrante de l'Ituri.

C'est ici le lieu de préciser le statut de *Djulu* et l'origine du nom *Sirigi Matafa*.

Lorsque nous parlons de *Djulu* il s'agit du Chef Udjuru des Alur Pandoro.

En revanche, *Sirigi Matafa* est une transformation locale des noms d'origine arabe *Sargi Moustafa*, noms donnés par les Arabes du Soudan Anglo-égyptiens qui entretenaient des relations avec Origo dont le père de Matafa, Yegi, était le Lieutenant.

C'est l'enterrement de Yegi, vivant, avec son allié Origo, selon les traditions pharaoniques, qui révolta Matafa contre les Ogambe pour évoluer seul. C'est ainsi qu'il fera appel à ses frères Zombo et Tandia pour l'épauler dans ses expéditions vers le Sud.

2.1.2. Première tentative de regroupement

Pour des plus amples informations sur la première tentative de regroupement, qui échoua du reste, le lecteur pourra utilement se reporter à la carte ci-dessous :

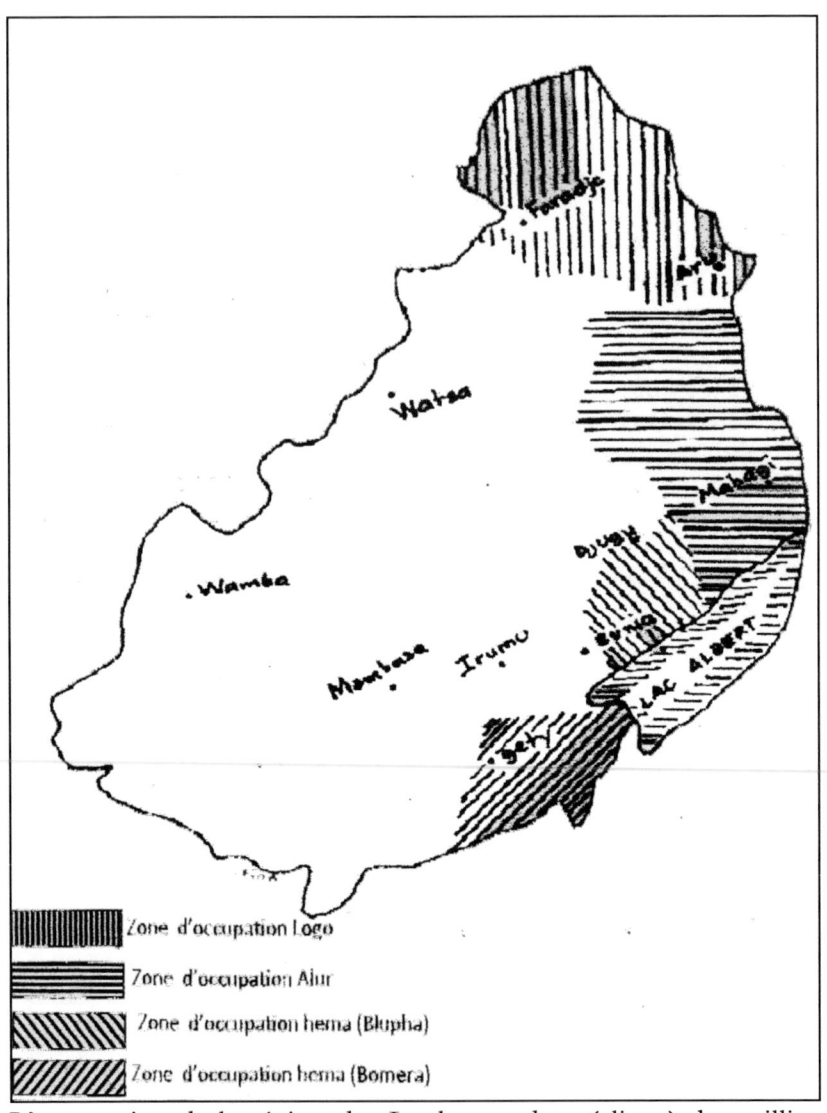

L'occupation de la région des Lugbara a donné lieu à des milliers des Logo de s'y installer. Il en était de même des régions des Maki, et des Ndo. Cette première tentative de regroupement fut un échec.

2.1.3. Deuxième tentative : regroupement par affinités claniques

Ayant échoué le premier regroupement des populations de l'Utiri, l'administration coloniale s'est vue obligée de changer de politique après une longue enquête menée par les agents territoriaux qui faisait ressortir qu'il fallait regrouper les populations suivant leurs affinités claniques et sous des chefs locaux. Il a été décidé de relever les chefs appartenant aux groupes dominants issus des autres clans. C'est ainsi qu'à la suite des troubles et de révoltes qui ont provoqué ce changement de politique coloniale, plusieurs groupes dominants se retirèrent pour regagner leurs milieux naturels. Cela fut le cas de Zombo, frère de Matafa, qui s'est vu obligé de quitter la région des Lugbara avec les siens pour s'installer là où Lu (LUWU) se trouve actuellement.

Ce qui affaiblit également Matafa, c'est la révolte au sein même de son groupe, comme rapporté par Samba Kaputo :

« A partir de 1914, la situation se détériora également dans la partie Nord de l'Ituri confiée à l'administration des Chefs Logo. La révolte éclata tout d'abord parmi les Logo de Matafa qui avaient adhéré à la secte secrète *Yakane* ou *Allah wather* d'origine soudanaise. Une opération militaire réprima aussitôt ce mouvement en affaiblissant considérablement la position des conquérants Logo. Les Lugbara de Zombo profitèrent de cet événement pour essayer de secouer le joug de l'étranger et une révolte éclate. Ce fut un signal pour toutes les populations soumises à l'occupation Logo : elles se révoltèrent simultanément au courant de l'année 1915 »[13].

Les conquêtes de Matafa en Ituri et ses alliances avec Djulu, Chef Alur de Pandoro, ont fait que dès le départ, les Logo ont été repris comme faisant partie du territoire de Mahagi, en Ituri. Voici comment l'Ituri avait été découpé en territoires administratifs et groupes ethniques en 1914 comme repris dans le tableau ci-dessous par Samba Kaputo[14] :

Territoires	Groupes ethniques vivant dans le territoire
1. Avakubi	Arabisé
2. Makala	Arabisé
3. Medje	Medje
4. Walese-Mamvu	Lese, Mamvu, Mangbutu
5. Kilo	Bale, Hemo, Niari, Ndo, Bendi, Bira, Mambisa
6. Mahagi	Alur, Bale, Lugbara et apparentés (Kakwa, Kalilo…), Logo, Ndo, Lango
7. Irumu	Niari, Bira, Bale, Hema, Lese-vokutu

---

[13] G. SAMBA KAPUTO, *Op. cit.*, p. 147.
[14] Comment mentionné sur la ligne numéro 6, les Logo se trouvaient dans le Territoire de Mahagi.

Cette situation ne fut pas satisfaisante pour les chefs de l'administration locale dont la principale préoccupation était de constituer des entités administratives ethniquement homogènes, au niveau des chefferies et des territoires.

Plusieurs tentatives eurent lieu sans succès pour regrouper les grandes tribus de l'Ituri dans les territoires administratifs distincts et homogènes.

Un premier changement intervint en 1921 lorsque le district de l'Ituri fut divisé en dix territoires : Irumu, Gety, Kilo, Nizi, Avakubi, Wamba, Makala, Andudu, Medje, et Mahagi.

Un second aménagement eut lieu en 1923 et entraîna la suppression du territoire de Makala et la création du territoire de la Semilki. En 1927, le territoire d'Andudu fut supprimé tandis que l'on créait deux nouveaux territoires : celui de Lubero et celui des Walese.

En 1928, le district de l'Ituri, devenu Kibali-Ituri fut agrandi par l'adjonction d'une partie du district du Haut-Uélé. Un nouvel aménagement porta à douze le nombre des territoires du district. Cinq nouveaux territoires (Faradje, Lugware, Watsa, Gombari, Epulu) avaient été créés tandis que quatre autres (Wamba, Avakubi, Medje, et Walese) disparaissent.

En 1933, une nouvelle tentative fut effectuée en vue de former des entités ethniquement homogènes. Le district fut divisé en neuf territoires portant les noms des principaux groupes ethniques de l'Ituri :

Territoire de :	Chef-lieu :
1. Babira-Walese	Irumu
2. Walendu-sud	Gery
3. Walendu-nord	Djugu
4. Logo-Dongo	Faradje
5. Lugware	Aru
6. Wanande-sud	Lubero
7. Wanande-nord	Beni
8. Alur	Mahagi
9. Mamvu-Mangbutu	Watsa

2.1.4. Troisième tentative de regroupement

Le regroupement ethnique s'est avéré irréaliste compte tenu de multitudes des groupes ethniques qui se retrouvent au sein de chaque entité. C'est pourquoi, à partir de 1948, l'administration coloniale elle-même dût revoir ses politiques de répartition territoriale des groupes ethniques.

Malgré son désir de maintenir au niveau des territoires des entités administratives relativement homogènes du point de vue ethnique, l'administration coloniale dut procéder à l'évacuation de certaines fractions de groupes ethniques d'une région à une autre.

Deux facteurs concrets furent à l'origine de ce changement : l'érosion qui sévissait dans les territoires de Djugu et Mahagi et la densité démographique élevée de ces régions.

En 1948, la situation démographique du district de Kibali-Ituri se présentait de la manière ci-après[15] :

Territoires	Populations	Superficie en Km²	Densité par Km²
1. Bunia	89-436	8-730	10,245
2. Djugu	198-699	8-917	22,15
3. Mahagi	25-715	11-691	21,70
4. Mambasa	35-000	36-786	0,95
5. Wamba	135-630	10-305	13,16
6. Watsa	58-539	15-055	3,89
7. Faradje	85-987	14-068	6,11

2.1.5. Quatrième tentative de regroupement

C'est à partir de 1956 que les territoires de Faradje et de Watsa reviennent dans le district du Haut-Uélé.

Mais quelques années plus tard en 1962, lorsque Jean Faustin Manzikala, un Logo de Faradje, devint Président Provincial à Bunia, il fit revenir le district de Kibali-Ituri, dont les deux territoires firent partie après avoir été contestés entre les deux districts.

C'est en 1967 qu'un référendum d'auto-détermination sera organisé pour mettre fin à cette contestation. Le référendum permit de renvoyer les deux territoires dans le Haut-Uélé, où ils se trouvent actuellement.

Durant toute la période coloniale, aucun mouvement forcé des populations n'a eu lieu chez les Logo, étant donné qu'ils s'étaient déjà constitués en groupes claniques solides, même s'y il a eu par-ci par-là des minorités qui se sont mêlées aux groupes ethniques homogènes Logo.

---

[15] *Rapport annuel sur l'administration de la colonie 1948*, p. 55.

2.2. Structures sociales Logo à l'arrivée des colons

A l'arrivée du colonisateur, les structures sociales fonctionnelles Logo étaient la famille (le père, la mère ou les mères et les enfants) et le clan (ensemble des familles qui se reconnaissent appartenir à une lignée donnée, rattachée à un ancêtre commun, connu par son nom, son patronyme ou par un nom mythique).

Toutefois, fait remarquer Beaufaict[16], la mémoire collective se souvient qu'après sa défaite devant la grande coalition Basiri, Bakà, Mondo, ..., dans les bassins de Chari et de l'Ubangi, les Logo se sont retranché en amont de la rivière Dungu (rive gauche et rive droite), pour occuper le territoire où ils vivent aujourd'hui.

Ce retrait, selon l'hypothèse de Hutteau, reprise par Tucker[17] qui se situe à la deuxième moitié du 16e siècle, était une stratégie pour organiser une résistance et une contre-attaque à la chasse des Basiri et alliés.

2.3. Tentative d'organisation sociale par des Leaders

C'est à cette période du retrait stratégique des Logo en amont de la rivière Dungu que ces derniers comprirent la nécessité de s'organiser en grands groupes pour faire face aux envahisseurs. Ainsi, au-delà des clans, se sont systématiquement organisés des groupes autour des Leaders tels que Ngaduma Mala, Ngaduma Nyare, Zombo Kodo, Mogora, Matafa, etc.

Malheureusement, le colonisateur arrive et met fin à ces organisations qui devaient aboutir à des vraies tribus sous commandement de ces Leaders. Le lexème *Tribus*, compris dans le sens de la définition donnée par Larousse[18], que le colonisateur a dû imposer à sa manière.

Sous l'impulsion des Leaders Logo cités ci-haut, les grands groupes se constituèrent selon les affinités entre les différents clans, sans imposition.

Dans son souci d'organiser administrativement la population pour une gestion selon sa vision, le colonisateur va ignorer carrément les organisations qui se faisaient autour des leaders locaux, pour regrouper les différents clans à sa manière. Ainsi, les Logo se retrouvent regroupés

---

[16] C. BEAUFAICT, cité par A. N. TUCKER dans *The Eastern Sudanic Languges*, second edition, vol. 1, London, 1967, p. 36.
[17] A. N. TUCHER, p. 36.
[18] LAROUSSE POUR TOUS, *Dictionnaire Le Robert*, Paris, 1904, p. 1134.

en six collectivités correspondant à peu près à des tribus. Il s'agit de la *collectivité des Logo : Ogambi, Doka, Lolia, Bagira, Obelɛba et Bari*.

Toutes ces collectivités se trouvaient dans le territoire de Faradje. Mais, en 1963, quelques Députés du territoire de Watsa, notamment Nyamazumi et Zanga, ont introduit une requête pour demander que la collectivité de Logo-Bari revienne au territoire de Watsa. Ce qui fut fait au désavantage du territoire de Faradje, ramenant sa frontière avec Watsa de la Kibali à la rivière Nzoro[19].

L'intention voilée de cette requête était celle de ramener la Ville aurifère de Durba dans le territoire de Watsa. Ce que leurs collègues de Faradje n'avaient pas compris. Ce contentieux risque un jour de revenir sur la table de l'Assemblée Provinciale car rien ne justifie ce changement. Le même problème se pose avec le territoire de Dungu. Initialement, sa limite avec le territoire de Faradje se trouvait à la rivière Dungu Moke, à 40Km du Chef-lieu du territoire de Faradje. L'on n'a pas compris pourquoi cette limite a dû être ramenée à 5 Km de Faradje à Yanguma.

Ici aussi, l'intention était également économique, c'est-à-dire, ramener la Station touristique de Nagero dans le territoire de Dungu. Ce que n'avaient pas compris les Députés de Faradje.

Le regroupement forcé, effectué par le colonisateur, avait certainement un objectif précis, celui d'écarter les leaders locaux émergeant. La preuve en est que la plus grande collectivité qui disposait déjà de trois leaders qui émergeaient, voit venir à sa tête le chef Zumai, issu du clan minoritaire Laroba, à la grande surprise de tous.

Contrairement à ce qui a été fait pour la plupart des collectivités, le chef émergeant Matafa, vaillant combattant s'est vu intronisé et sollicité pour aider le colonisateur à pacifier la région de l'Ituri[20] où plusieurs conflits interethniques persistaient encore.

Même si la dénomination de ces collectivités : *Ogambi, Doka, Lolia et Bagira* semblent référer aux réalités Logo, le regroupement fait n'a pas respecté les affinités réelles.

Par contre, *Obeleba* réfère à l'emplacement géographique de cette collectivité en amont de la rivière *Obe*, vers la frontière avec les Lugbara

---

[19] Précisons que NYAMADJUMI, Député Provincial, représentant le territoire de Watsa était un Hema du territoire d'Irumu. Il a été repris sur la liste des députés provinciaux de la Province Orientale avec ce seul nom : c'est la législature de 1960-1965. Il était résident de la cité de Watsa, sur l'avenue Kibali. Le lecteur désireux d'avoir d'amples informations peut voir du côté de G. SAMBA KAPUTO, *Op. cit.*, p. 367.
[20] Se reporter à G. SAMBA KAPUTO, *Op. cit.*, p. 129-130.

(Kaliko) du territoire de Aru. Il signifie tout simplement les *habitants de Obe*. C'est cette région allant jusqu'à chez les Lugbara, que Matafa confia à son frère Zombo, après ses conquêtes.

Quant à la collectivité passée sous l'administration du territoire de Watsa, elle porte les noms de deux tribus qui la composent : Les *Logo* et les *Bari*.

Il y a lieu de comprendre que ce regroupement de la population Logo n'ait répondu à aucun critère culturel ou linguistique. Il n'a été opéré que pour obéir à la logique de l'administration que voulait asseoir le colonisateur. Ce qui a donné lieu à des conflits entre les différentes communautés, mais vite matés par le colonisateur.

Aujourd'hui, les séquelles se font remarquer, surtout là où les chefs coutumiers n'ont plus une emprise totale sur la population. Chez les Ogambe par exemple, la famille régnante s'est totalement disloquée. D'où la collectivité n'est plus gérée comme ce fût le cas auparavant. Cela relève, croyons-nous, du fait que cette famille royale ne s'est pas formée de façon naturelle.

En d'autres termes, la famille royale a été imposée par le colonisateur sans le consentement des administrés. C'est pourquoi, il aurait été bon d'investir comme chef, les leaders émergents que le colonisateur a trouvés, notamment : Ngaduma Mala, Ngaduma Nyare, Zombo Kodo, Matafa etc...

L'attitude du colonisateur peut s'expliquer par le fait que les leaders traditionnels refusaient de se soumettre à l'administration coloniale. C'est pourquoi, pour les contourner, le colonisateur préférait collaborer avec ceux qui acceptaient de se soumettre, en mettant à leur disposition tous les moyens de l'Etat afin de renforcer leur pouvoir et réduire à néant les leaders émergents qui n'acceptaient pas l'administration coloniale.

Les structures mises en place, par le colonisateur, sont encore là. Même si elles fonctionnent encore correctement, mais cela pour combien de temps ?

Avec la démocratisation du pays, quand les élections locales seront organisées, la plupart d'entre elles (collectivités) verront systématiquement des familles régnantes actuelles disparaître. C'est un signe de temps que tous les chefs en fonction devaient lire en toute conscience.

Actuellement, le choix de chefs, par la population, peut apporter le progrès, étant donné que la personne choisie réunira au moins le consentement de la majorité et il pourra jouir d'un soutien certain.

La léthargie actuelle des chefs coutumiers est une conséquence du manque de soutien de la population qui n'accepte plus leur manière de gérer.

A l'époque, les routes étaient entretenues sous la supervision des chefs coutumiers. Mais aujourd'hui, la population n'accepte plus se soumettre à l'autorité des chefs pour exécuter ce genre de travaux d'intérêt public. C'est qu'il y a crise d'autorité due au manque de confiance.

Agwá ãrɛkẽ lànyá nyã ànzyágó ébɛ
//les hommes mangent avec les gaçons//

Le temps est donc au changement pour que chaque communauté se prenne en charge, car il ne sert à rien de créer des structures sociales gigantesques qui ne fonctionnent pas dans le sens de résoudre les problèmes de la communauté.

Tòkwá ārɛké ngá nyã ánzè tòkwá ébɛ
//les femmes mangent avec les filles //

2.4. Spécificité de l'ethnie Logo

Selon le Dictionnaire Encyclopédique, une *ethnie* est un regroupement humain caractérisé principalement par une même culture, une même langue[21].

Suivant la définition ainsi formulée, on peut conclure que le peuple parlant la langue Logo et qui partage la même culture, constitue une ethnie.

Le Logoti, bien qu'ayant plusieurs variantes, qui constituent ses dialectes, permet à tous les Logo de se comprendre et d'échanger leurs expériences sans difficulté. Plusieurs tribus minoritaires telles que les Baka, Pajulu, Mondo et autres, enclavées dans l'aire géographique Logo, dans les bassins des rivières Dungu, Nzoro et Kibali, utilisent comme langue de communication courante la langue Logo. Leur mode de vie (culture) s'est également adapté à celui ces Logo. D'ailleurs, ils ne se déclarent plus comme étant Baka, Mondo ou Pajulu. C'est le cas des villages Doya (Baka), Mongowa (Pajulu), Ongbagbala vers Ali (Mondo) et du village Lemvo à Kurukwata (Baka).

Ainsi, ils font désormais partie intégrante de l'ethnie Logo comme le définit Dictionnaire Encyclopédique[22] car possédant la même langue et la même culture. Culture entendue ici comme un ensemble d'activités

---

[21] *Dictionnaire Encyclopédique*, p. 672.
[22] *Ib.*, p. 672.

soumises à des normes socialement et historiquement différenciées, et des modèles de comportement transmissibles par l'éducation, propre à un groupe social donné.

A la rive droite de la rivière Dungu, la partie de l'Ethnie Logo qui s'étend jusqu'au Sud du Soudan, et connue sous le nom de Avokaya, constitue un dialecte plus distant des autres[23].

Samba Kaputo[24] confirme la particularité des Avokaya en disant qu'avant la destitution de leur chef, Amva par Origo, aidé par ses alliés les Arabes, les Avokaya vivaient isolés des autres groupes des Logo[25]

Pour faire bref, relevons que, si le regroupement des populations a réussi dans certains milieux, il n'a cependant pas été facile à d'autres endroits. Le colonisateur a rencontré beaucoup de difficultés là où les populations vivaient dans un système clanique prédominant au sein des ethnies qui ne constituaient pas de blocs compacts dirigés par un chef clanique. C'est ainsi que la « famille » restreinte est restée le noyau central de clan. D'où l'importance que les Logo accordaient à la famille restreinte. Ce qu'il nous préciser à présent, c'est la façon dont la famille se constituait chez les Logo. Par ce bout nous rejoignons le chapitre troisième.

---

[23] Pour situer les Avokaya, se référer à la carte de l'ethnie Logo en annexe du présent essai.
[24] G. SAMBA KAPUTO, *Op. cit.*, p. 130-131.
[25] *Ib*.

CHAPITRE TROISIEME

LE MARIAGE A L'AUNE DE LA FAMILLE

3.0. Généralités

Dans toutes les communautés du monde, avant de devenir un contrat social, le mariage est avant tout une affaire de deux personnes : le prétendant et la prétendante. Chaque communauté humaine suit une procédure propre à elle pour conduire les deux prétendants à leur objectif final : le mariage.

Dans les lignes qui suivent, seront décrits les rituels du mariage au sein de l'ethnie logo où le patriarcat est la règle d'or du mariage.

3.1. Choix des conjoints en général

Comme souligné par Landis[26], toutes les sociétés humaines ont une série de besoins et de problèmes centraux importants qui doivent être satisfaits et résolus. Une société humaine qui veut survivre doit, poursuit l'auteur, se préoccuper des questions telles que la reproduction de l'espèce humaine, la socialisation de jeunes, la distribution des biens et de service, les soins de santé, etc.

Depuis la nuit de temps, la famille tire ses origines dans la création d'un couple, reconnaît Landis[27]. Mais, la manière de former le couple, avec une ou plusieurs épouses, diffère d'une société à une autre. Le rituel commence souvent par un rendez-vous entre un homme ou une femme, ou bien une femme qui hérite un mari, un homme achète (ou dote) une ou plusieurs épouses, des parents qui choisissent à leurs fils une femme dès sa naissance, etc. Il y a même des rituels consistant à arracher la femme de force de sa famille.

Dans certaines cultures, les parents sont responsables quant au choix des conjoints à leurs enfants. Landis rapporte que la loi de l'empire Chinois du 17e siècle stipule en la matière qu'un Chef de famille qui n'arrive pas à trouver un conjoint à toute jeune fille sous sa responsabilité, la condamne à échouer sa vie et de ce fait, il est passible de la peine de quatre-vingts coups de fouet de Bambou en public[28].

En Inde, si les parents d'une jeune fille n'arrivent pas à trouver un conjoint à leur fille trois ans après sa puberté, elle peut dans ce cas chercher elle-même un conjoint, mais en attirant tous les malheurs

---

[26] J. R. LANDIS, *Op. cit.*, 1986, p. 191.)
[27] *Ib.*, p. 201.
[28] *Ib.*, p. 201.

possibles qui s'abattront sur sa famille. Le choix des conjoints aux jeunes se faisait de commun accord entre les parents (père et mère).

Mais chez les Chinois, la dernière décision pour le choix d'un conjoint revient au père de la jeune fille et vice-versa pour le choix d'une conjointe à leur fils qui revient à la mère.

De plus, l'ordre de mariage des enfants devait aller du plus grand (de la plus grande) au plus petit (à la plus petite). Un problème se posait dans le cas où la plus grande fille n'était pas aussi belle que les autres qui pouvaient précocement être choisies. Dans ce cas, certains parents parvenaient même à inverser l'ordre de naissance par tricherie pour offrir la plus grande à la place de la plus petite. Une façon de s'en débarrasser pour lui donner plus de chance. Ce qui revient dans la Bible, au cas de Jacob qui croyait avoir épousé Rachel, alors qu'il découvre le lendemain que la fille avec qui il venait de passer la nuit était plutôt la sœur ainée Léa.

Tout en acceptant que l'une ou l'autre forme de choix satisfait la communauté qui l'applique ; il y a lieu de ne pas perdre de vue qu'à part toutes ces pratiques, il y a l'élément important dans le mariage qui est l'amour entre les conjoints.

C'est pourquoi les sociologues avancent quelques théories censées guider les conjoints dans leur choix.

La première théorie est celle d'*échange mutuel* : elle suggère l'idée d'organiser un lieu de rencontre aux jeunes prétendants où ils peuvent se donner plus de chance de faire un choix pour un mariage heureux, au besoin, se donner la possibilité de négocier et de se rendre compte que ses désirs correspondent à ceux de la conjointe (ou du conjoint).

La deuxième théorie, est celle dite de *complémentarité de besoins* : elle suggère que le choix de la conjointe (du conjoint) se fasse sur base d'équilibre de besoins ou de la complémentarité afin que l'un trouve à l'autre les qualités qui lui manquent. Par exemple, un bavard cherchera celui (ou celle) qui écoute plus, un mangeur cherchera celle (ou celui) qui sait bien cuisiner, etc.

La troisième théorie est celle dite de *rôle et de valeur* : elle suggère que les personnes qui partagent des valeurs communes et des rôles communs peuvent facilement se choisir.

La quatrième théorie est celle dite de *procédure* : elle suggère que le choix de partenaire se fasse en tenant compte des procédures sociales et psychologiques. On note ici que les possibilités de choix de partenaires se rétrécissent davantage à cause d'attraction physique, religieuse et de différences raciales, de similarité de rôles et de valeurs, d'influences psychologiques…

Comme on peut le remarquer, ces théories sont surtout applicables au mariage moderne, mais à la limite. C'est pourquoi, Bernard Mustein, théoricien d'échange, pense que la plupart d'entre nous n'appliquent pas ces théories et se marient simplement[29]. D'après lui, ne se choisissent que ceux qui ont beaucoup de biens et peu de responsabilités.

3.2. Formes de mariage

Avant d'aborder la ou les formes de mariage chez les Logo, rappelons ce qu'il en est à travers le monde selon quelques théoriciens en la matière.

3.2.1. Mariage suivant les groupes familiaux

Les théoriciens du mariage tels que Landis, Bernard Mustein et tant d'autres s'accordent pour donner les formes suivantes au mariage à travers le monde. D'un côté, il y a ce que les théoriciens de mariage nomment le *mariage endogamique* : celui pratiqué par des conjoints appartenant à un même groupe familial (clan), c'est-à-dire acceptant la consanguinité. De l'autre, il y a le *mariage exogamique* : celui pratiqué par des partenaires issus des groupes familiaux différents, c'est-à-dire n'acceptant pas la consanguinité.

3.2.2. Mariage suivant le nombre des conjoints

Lorsqu'on tient compte du nombre des partenaires dans un mariage l'on distingue les formes de mariage suivantes :

Le *mariage monogamique* : il s'agit du mariage conclu entre deux conjoints, un homme et une femme. Cette forme de mariage semble être la plus répandue actuellement dans le monde. Diverses raisons sont évoquées pour justifier cette forme de mariage : la situation économique, l'influence des religions, la moralité, l'éducation moderne, etc.

Outre le mariage monogamique, il y a le *mariage polygamique*. Par mariage polygamique entendez le mariage consistant à avoir plus de deux

---

[29] B. MUSTEIN, cité par J. R. LANDIS, *Op. cit.*, p. 202.

partenaires (généralement plus d'une épouse) et il comprend trois sous-formes.

La première sous-forme de mariage polygamique étant la *polygamie* en tant que telle. La polygamie réfère à un mariage composé d'un homme ayant plusieurs épouses à la fois.

La deuxième sous-forme de mariage polygamique est la *polyandrie*. Elle correspond à un mariage où une épouse dispose de plusieurs époux à la fois. Le grand inconvénient de cette forme de mariage est que l'épouse a difficile à décider qui est le père d'un enfant. Elle est surtout pratiquée dans des sociétés où elles sont moins nombreuses.

La dernière sous-forme de mariage polygamique est le *mariage de groupe*. Ce type de mariage s'identifie au mariage de deux ou plus de deux femmes à la fois. Il s'agit de cas rare que l'on trouve dans le petit groupe ou petite communauté.

La pratique de mariage varie d'une société à l'autre étant donné qu'elle répond à la vision du monde que se donne chaque communauté, suivant les réalités vécues par elle et surtout, suivant les valeurs auxquelles elle croit. Prenons le cas de *mariage endogamique* que les pratiquants pensent être bon parce qu'il permet de *garder la lignée pure* (croyance) est rejeté par les pratiquants du *mariage exogamique* qui estiment que le sang pur n'est pas bon et qu'il faut mélanger le sang avec d'autres groupes pour avoir un produit intermédiaire qui est généralement meilleur. Ce dernier point de vue est même scientifiquement prouvé.

Pendant que les pratiquants de l'exogamie pensent qu'il faille mélanger le sang avec des groupes extérieurs, il y a ceux qui découragent le *mariage interracial*, qui devait être le meilleur mariage exogamique.

Au moment où le mariage exogamique est scientifiquement et biologiquement prouvé être le meilleur, certains groupes religieux prônent le mariage endogamique de leurs membres, même si au départ il n'y a pas question de consanguinité dans ce cas.

Mais ce mental de vouloir se rabattre sur son groupe, ferme la porte à l'ouverture utile vers les autres communautés qui déposent des valeurs qu'elles peuvent échanger avec les autres.

3.3. Lignage

Le *lignage* est un compromis entre différents groupes sociaux sur l'appartenance des enfants.

Landis[30] précise que, dans certaines sociétés, le lignage familial se trace à travers les hommes, dans d'autres sociétés, à travers les femmes et dans certaines autres encore, à travers les deux à la fois. Ceci donne lieu au *système patrilinéaire*, *matrilinéaire* et *mixte*.

3.3.1. Système patrilinéaire

Le *système patrilinéaire* donne l'autorité absolue au père qui prend des décisions. Par conséquent, la progéniture du couple ou du foyer appartient à sa lignée familiale.

3.3.2. Système matrilinéaire

Le *système matrilinéaire* donne le plein pouvoir à l'épouse qui prend des décisions et l'appartenance de la progéniture lui revient.

3.3.3. Système mixte

Quant au *système mixte*, le mari et l'épouse partagent équitablement le pouvoir familial et la progéniture appartient aux deux lignages.

Ce type de lignage, note Landis[31] semble être celui qui s'est surtout développé dans le monde moderne. C'est peut-être celui qui pose le fondement de la mondialisation, car, à coup sûr, il sort l'homme de son identité traditionnelle, c'est-à-dire celle qui le lie à ses ancêtres sanguins.

D'aucuns le considèrent également comme étant un déracinement de ses origines ancestrales et à une vision centrale du monde, quelque peu une fuite de ses origines culturelles vers des horizons nouveaux, visibles ou non encore définies. Bref, un acheminement vers de nouvelles visions perçues comme plus modernes et plus justes, peut-être !

Toutes les grandes agglomérations actuelles connues sous la dénomination des *villes*, sont des milieux par excellence de l'élimination progressive des valeurs traditionnelles qui elles, s'identifient aux milieux ruraux et aux villages traditionnels qui favorisent la conservation des valeurs traditionnelles. C'est là que les systèmes patrilinéaire et matrilinéaire reposent en paix.

---

[30] J. R. LANDIS, *Op. cit.*, p. 203.
[31] *Ib.*, p. 205.

3.4. Systèmes patrilinéaires et matrilinéaires en contexte de modernité

Avec la mondialisation et la modernité qui s'imposent au monde moderne, ces deux types de lignages ont-ils la chance de subsister, de se conserver ou de se perpétuer ?

La réponse à cette question appartient à l'avenir. Mais cela ne nous empêche pas de faire revivre par écrit ce qui a existé et qui contient des valeurs certaines que nous ne cesserons de crier haut pour que la société dite moderne s'en serve dans la mesure du possible. Que dire par exemple du *mariage gay* que la modernité soutient à tout prix au nom d'une *justice sociale* qui ne dit pas son nom, alors que le *mariage traditionnel* qui, dans toutes les sociétés du monde, avait comme objectif premier de *perpétuer la race humaine*, comme le confirme la Bible, même si tout le monde n'y croit pas ?

Un problème réel se pose ! Quelle est la société humaine qui accepterait de disparaître parce qu'elle se veut être totalement *gay*, sans la moindre chance de la reproduire ? Même si l'on croit que les femmes *gays* peuvent encore avoir la chance de donner la vie aux enfants par des pratiques scientifiques sans morale ?

Tout en acceptant de ne pas reproduire la société humaine, l'on prétend encore vouloir *adopter*, mais adopter des petits produits par qui ? Quoi qu'on pense, quoi qu'on dise, il demeure un problème réel. Un *gay* féminin, qui parvient à enfanter par des méthodes scientifiques, partagera le lignage de l'enfant avec qui ? Avec sa conjointe qui n'y a pas contribué du tout ? Ou avec l'homme *inconnu* dont on a prélevé le spermatozoïde ?

Vers où évolue l'homme ? N'est-ce pas là la folie de la modernité ? Une modernité qui se fait sans projeter l'homme dans l'avenir constitue la voie d'égarement de toute la société humaine : l'homme doit penser positivement son avenir et celui de toute son espèce.

3.5. Le mariage chez les Logo (*ℓàmo* en logoti)

Pour mieux saisir la quintessence du mariage chez les Logo, il convient d'abord de mieux cerner le statut du jeune garçon chez eux. Par statut nous voulons dire l'identité authentique ou mieux ce qu'un garçon doit être avant de prétendre au mariage. C'est fort de cette clarification que nous serons en mesure de répondre aux questions ci-après : chez les

Logo à qui se maire-t-on, quels sont les types de choix des conjoints, quels sont les rituels du mariage ?

3.5.1. Statut du jeune garçon authentique chez les Logo

Comme dans la plupart des traditionnelles, l'éducation du garçon est surtout assurée par le père de famille. C'est lui, et ses frères du clan, qui veillent à l'évolution de jeunes gens. Ils suivent leur évolution physique au fil du temps et les soumettent à des tâches quotidiennes qui contribuent à les former physiquement, mentalement et socialement afin de les rendre utiles à la société.

Le jeune homme doit apprendre les travaux de champs, de la chasse, de la pêche et comment se rendre serviable à la communauté.

Dans son évolution physiologique, lorsque le jeune homme atteint la puberté, et qu'il est jugé capable de se construire une cabane, de travailler son champ et de veiller à ses propres bêtes (chèvres), il devient éligible au mariage. Ainsi, les parents prennent l'initiative de lui chercher une conjointe. Avant cela, il doit s'ériger sa cabane, cultiver son champ et se constituer un cheptel pour démarrer une vie indépendante. Un jeune homme qui n'en est pas capable se voit marginalisé et traité de paresseux, donc incapable de se marier. Le jeune homme doit être circoncis.

3.5.2. A qui se marie-t-on ?

Cette question est d'une importance capitale chez les Logo. Les membres d'un même clan ne peuvent en aucun cas contracter un mariage ou avoir des rapports sexuels.

Le mariage Logo est totalement exogamique. C'est pourquoi, lors du premier contact, comme nous le verrons plus loin, une véritable palabre s'engage pour dénicher les origines lointaines des prétendants. C'est ce que les Logo appellent *dɛdékómvó*, c'est-à-dire, *les racines des grands-mères*. Cela de part et d'autre. *Lorsqu'on constate quelque part qu'il y a eu de relations de famille ou de sang, le mariage n'aura pas lieu.*

3.5.3. Choix des conjoints chez les Logo

Traditionnellement il y a trois sortes types de choix qui peuvent se faire :

Premier cas : *des parents qui sont en bon terme avec une famille en dehors du clan*, et qui estiment que cette famille amie éduque bien ses filles, peuvent, dans le cas extrême, c'est-à-dire s'ils ont un garçon mineur qui a une correspondante mineure dans cette famille, demander la main de celle – ci en attendant que les deux atteignent l'âge du mariage. Dans ce cas, l'arrangement se fait entre les deux familles, sans nécessairement que les concernés n'en soient informés. Ils ne pourront l'être que le moment venu et le jeune homme sera poussé alors à la fréquenter pour se familiariser avec elle. Avant cela, les parents font porter un anneau par la jeune fille pour montrer qu'elle a déjà été choisie.

Deuxième cas : *des parents qui se rendent compte que leur fils est en mesure de se marier peuvent lui demander de se préparer* en construisant sa cabane, en cultivant son champ… C'est à ce moment-là qu'on l'informera que telle fille a été choisie pour lui. Il n'a aucune autre décision à prendre que de se plier à la volonté des parents. C'est alors qu'il commencera son baptême de feu en tentant d'entrer en contact avec la fille, même si des arrangements entre les deux familles (arrangements secrets, car la cérémonie officielle prendra une autre allure) avaient déjà eu lieu.

Ainsi, dès que le jeune homme se présente pour la première fois, il est chassé par les frères de la jeune fille. Cette scène peut se répéter deux, trois fois. Mais tout dépendra de la ténacité du prétendant, car cette attitude de la belle-famille est un test pour savoir si réellement le jeune homme aime la fille. S'il tient, la belle-famille lâche et on l'autorise à causer avec la fille, mais pas en dehors de sa famille. Lorsque tout marche bien, il rendra compte à sa famille qui prendra la décision de fixer un rendez-vous pour aller demander officiellement la main de la fille. D'une manière générale, l'aboutissement est toujours heureux, car des négociations secrètes qui précèdent balisent le terrain.

Troisième cas : *un jeune homme éveillé, peut lui-même découvrir une conjointe de son choix et suggérer à ses parents.* Dans ce cas, lorsque les parents constatent que la jeune fille répond à leurs attentes, ils peuvent donner leur aval afin que le jeune homme entame son épreuve de feu. Sinon, ils peuvent s'opposer et proposer une autre fille à leur fils.

Concernant la *jeune fille*, ses parents se réservent également le droit de refuser un prétendant, surtout quand celui-ci tente de se présenter lui-même. Les *raisons du refus* sont les mêmes, le comportement de la famille du prétendant, le comportement du prétendant lui-même, etc.

Dans le mariage du jeune homme, comme dans celui de la jeune fille, les tantes paternelles ont un pouvoir à ne pas négliger, car elles peuvent, pour l'une ou l'autre raison, s'opposer à la volonté de la communauté.

Une fois que toutes les conditions sont remplies pour le mariage arrivent alors les rituels proprement dits du mariage.

3.6. Rituels du mariage chez les Logo

Cette étape marque l'*officialisation* d'un long processus commencé en coulisse. Une émissaire est envoyée auprès de la belle-famille pour obtenir le rendez-vous. Souvent, c'est la mère du jeune homme ou une tante paternelle habile qui est envoyée auprès de la mère de la jeune fille pour donner l'information en lui laissant le temps de saisir son mari qui, à son tour, doit se concerter avec ses frères du clan avant de fixer le jour. Une fois décidée, la mère de la jeune fille suivra la même voit pour donner la suite, c'est-à-dire pour communiquer la date de la rencontre. Généralement, le rendez-vous a lieu chez l'un des frères du père de la jeune fille. Question de montrer que l'enfant appartient au clan, et non à ses parents. Après avoir reçu la réponse, le père du jeune homme saisit maintenant ses frères du clan. Ces derniers constituent une délégation composée d'un chef de délégation, porte-parole du groupe, accompagné de quelques sages, de quelques jeunes gens, quelques tantes paternelles et quelques sœurs.

3.6.1. Premier contact

Cette étape est déterminante, car c'est au cours de cette rencontre que les deux familles décident de conclure le mariage. C'est donc l'officialisation d'un long cheminement qui s'est déroulé en diplomatie secrète. Les Logo disent //*mà lè tòkó vó zì*//. Ce qui signifie : *nous allons demander la main de la femme*.

Arrivée sur le lieu, la délégation s'arrête à l'entrée de la parcelle, où elle trouvera une barrière érigée par les tantes paternelles de la fille. Il faut négocier ! Souvent, la négociation se solde par le versement de quelque chose aux tantes.

La barrière franchie, les deux camps se mettent face à face et après quelques instants de silence, le porte-parole de la belle-famille prendra la parole.

Les prétendants, ainsi que leurs parents, sont les plus grands absents de la cérémonie. Encore une preuve que le clan a un pouvoir absolu sur les familles ou ses membres.

Dans son introduction, le porte-parole fera semblant d'ignorer totalement pourquoi les deux délégations se retrouvent, et après avoir fait son discours portant sur l'historique de son clan, il posera expressément la question de savoir à qui il a affaire ? D'où vous venez et que voulez-vous ?

C'est alors que le porte-parole de la famille du prétendant prendra la parole. D'abord pour les remercier pour l'accueil, ce qui est un signe qu'ils sont des hommes de la paix. Il n'entrera pas d'emblée dans le vif du sujet, mais il commencera par dire qu'ils sont, c'est-à-dire qu'il va décliner leur identité en donnant le nom de leur clan et faire un commentaire pour montrer que là où ils vivent, ils sont en bon voisinage avec tel ou tel autre clan. Mais ils ont choisi de venir ici aujourd'hui, c'est parce qu'ils ont estimé qu'il est possible de lier des relations de famille avec le clan, à travers les enfants. Aujourd'hui, c'est le cas de tel enfant, fils de …. (il cite les noms des parents du garçon) qui est passé par ici et qui a vu la fille d'un tel (il cite également les noms des parents de la fille).

Après cette intervention, son interlocuteur va retirer les sages de son village, pour prétendre faire une concertation avant de donner leur accord ou pas. Cela peut prendre long temps, question de tester la patience et la ténacité des interlocuteurs. Après l'échange, ils reviendront sur le lieu pour que le porte-parole donne leur position, parfois assortie de certaines conditions, généralement pour créer des obstacles pour leur permettre de tester la ténacité et la bonne foi des interlocuteurs.

Si la réponse est *oui*, la délégation en face se réjouira de cela, mais demandera aussi de se retirer pour une concertation. Cette fois, pour déposer un *bien*, n'importe lequel, mais souvent une flèche, une houe ou autre chose, symbolique pour montrer que la jeune fille est désormais liée à une promesse et que quelqu'un d'autre ne puisse plus oser passer par là.

Une fois le cadeau symbolique accepté, le porte-parole du prétendant reviendra en charge pour savoir quelles sont les conditions pour que la jeune fille rejoigne son foyer ? L'interlocuteur demandera de nouveau de se retirer avec les siens pour une concertation, en sachant bien que tout avait déjà été fixé à l'avance. La concertation prendre le temps que cela peut prendre, et il reviendra pour fixer la dot.

3.6.2. La dot (*làɓó* en *lògòtī*)

Chez les Logo, la *dot* tourne autour de l'objet principal qui est la *chèvre*. On en demandera autant qu'on peut, sans exagération, des chèvres et des *boucs*. En plus, on retrouvera certainement des *arcs*, des *flèches* dans des carquois, des *houes*, etc.

Après cette communication, le porte-parole du prétendant prendra acte au nom de la délégation, et remerciera les interlocuteurs pour leur hospitalité en leur promettant de revenir dans un délai raisonnable.

Pour terminer la cérémonie, le porte-parole de la belle-famille peut poser la question aux tantes paternelles de la jeune fille pour savoir si elles ont un mot à ajouter à tout ce que leurs frères ont dit. S'il y en a, la tante qui souhaite parler prend la parole. Souvent, elle se bornera à exprimer des inquiétudes pour l'avenir de leur fille, sans remettre en question la décision.

La cérémonie se termine généralement par un pot-de-vin de *sorgho* ou de *maïs* partagé ensemble, après un repas offert à la belle famille, sans vraiment une grande réjouissance qui n'interviendra qu'au versement de la dot.

3.6.3. Versement de la dot (*en lògòtī : tòkó gèma*)

C'est l'événement le plus marquant de tout le processus. Les deux familles sont mobilisées, en l'occurrence, les sages, les jeunes, les femmes et les hommes, car il s'agit d'une grande fête : la naissance d'un nouveau foyer dans le clan, la chance d'augmenter les effectifs du clan.

Mais avant de fixer le rendez-vous avec la belle famille, on s'organise : chacun apporte sa contribution (qui une chèvre, ou un bouc, qui des flèches, qui des houes, …) : les tous mis ensemble, constituent la dot à verser.

La dot d'une femme est l'affaire du clan. Aujourd'hui, c'est le tour d'une telle famille, mais demain ce sera celui d'une autre famille. Celui qui ne s'y conforme pas, sera boudé par tout le clan lorsqu'il sera son tour de doter une femme à son fils. C'est une *ristourne* utile au clan, car *l'union fait la force.*

Voici ci-dessous l'essentiel des éléments constitutifs de la dot en images.

3.6.3.1. Chèvres et boucs

ndríkàré = chèvre

ɫápégyò = bouc

3.6.3.2. Houes (forme brute : *kébó*)

3.6.3.3. Arc et flèches

L'arc est inextricablement accompagné de flèches, d'un carquois dans lequel on dépose les flèches.

Représentons d'abord un arc :

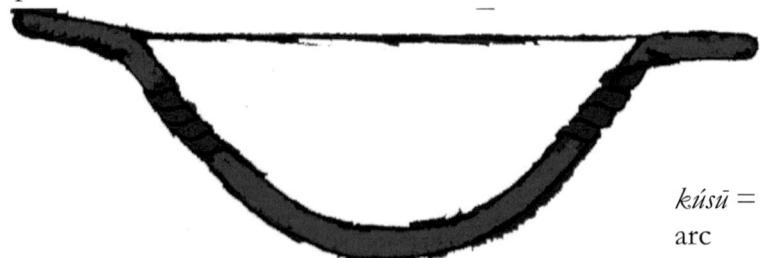

kúsū = arc

L'arc (*kúsú*) est muni de quelques flèches (*kéyá*). Celles-ci sont rangées dans un carquois (*kòrógò*) pour raison de sécurité.

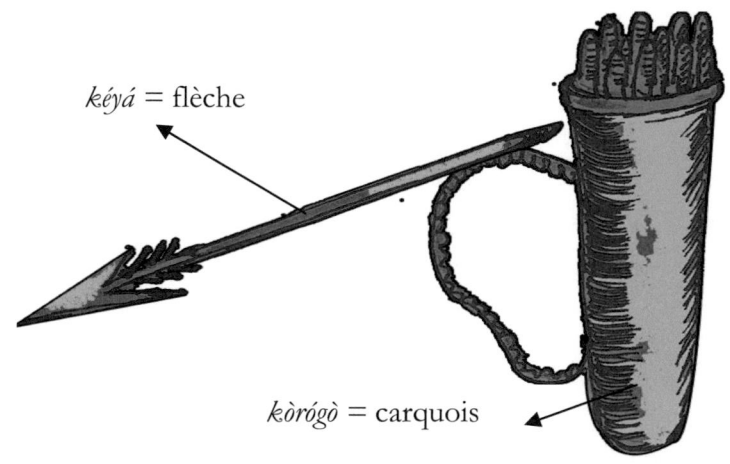

kéyá = flèche

kòrógò = carquois

Les lances ou les sagaies sous ses différentes formes constituent l'arme lourde.

Il y a trois sortes de lances : *màjùłà*, *kéyágó*, *mágádá*. Les voici en images.

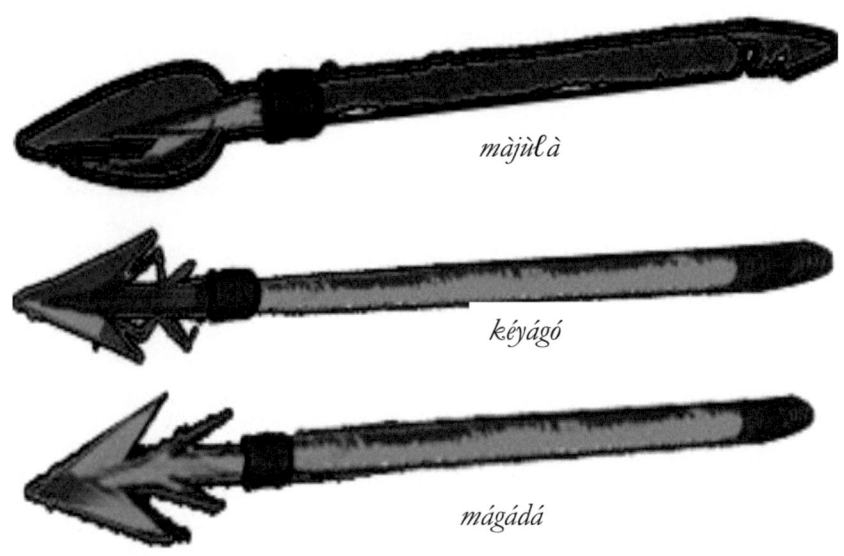

màjùłà

kéyágó

mágádá

Tout instrument métallique chez les Logo se fabrique dans une fonderie appelée//*tóká*//ou la matière première. Les *l̀àngò* (cailloux contenant du fer) sont fondus pour obtenir le fer à partir duquel sont modelés les différents outils.

tóká = fonderie traditionnelle
l̀àngò = Cailloux contenant du fer
kέl̀é = braise pour fondre les cailloux
āyā = fer recueilli après fonte
kébó = fer brut en forme de houe

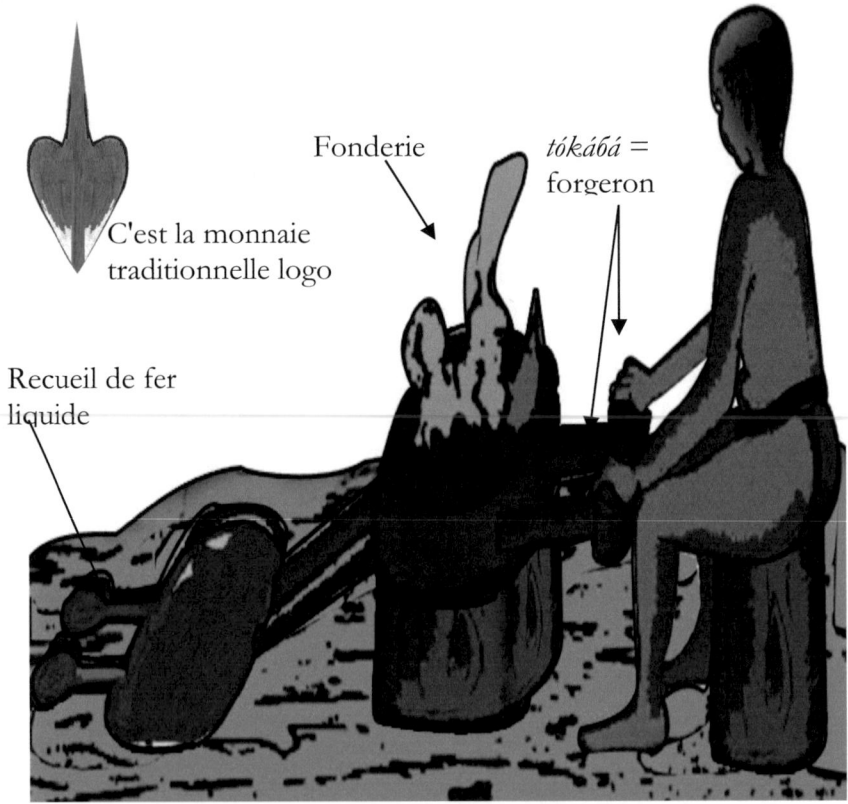

Fonderie

tókábá = forgeron

C'est la monnaie traditionnelle logo

Recueil de fer liquide

Après fonte, on donne des formes provisoires aux métaux obtenus dont celles de la houe utilisée comme monnaie (*kēbó*).

kēbó : forme brute de la houe utilisée comme monnaie

Une fois la dot rassemblée, le porte-parole envoie une émissaire pour prévenir la belle-famille qu'à telle date le versement de la dot aura lieu. De toutes les manières, la réponse où l'accord de la belle famille est nécessaire, car c'est elle qui reçoit et elle doit également se préparer pour cette grande fête. Une fois l'accord reçu, le jour de l'événement, tout le monde se tient en alerte. Les jeunes gens pour conduire les chèvres et les boucs qu'ils doivent bien attacher, car une dernière épreuve dure les attend. Il faut également choisir des bêtes robustes et résistantes de peur qu'elles ne soient tuées lors de bousculade du cérémonial.

Lorsque la délégation arrive devant la maison qui doit l'accueillir, elle trouvera une barrière renforcée, gardée par des jeunes gens apparemment furieux, qui se mettront d'abord à détacher et bousculer les chèvres. Les chèvres chétives sont écartées et même abattues aux frais généraux. Si les jeunes gens de la famille du prétendant ne sont pas forts, ils enregistreront des pertes énormes qui rentrent directement dans les frais généraux. Après cette scène brutale, des négociations commenceront pour laisser entrer les visiteurs. Mais cela, après paiement de quelque chose aux tantes paternelles de la jeune fille.

Une fois entrée, la délégation sera invitée à s'installer, avant que la cérémonie ne commence avec le mot de bienvenue du porte-parole de la belle famille. Ensuite, il invitera son interlocuteur pour livrer l'objet de leur visite. Il présentera ce qu'ils ont amené. Si c'est complet, il n'y aura pas de commentaire. Sinon, à lui d'argumenter que l'on ne termine jamais à payer la dot ; et que le reste suivra.

Si la belle-famille accepte la dot, à ce stade, il n'y a plus de refus, on arrête cette partie.

L'épreuve suivante, la dernière, sera celle de présenter la jeune fille. Mais avant cela, l'on présente d'abord le prétendant. Quant à la jeune fille, les tantes poseront encore des obstacles, afin de se faire rétribuer, avant que la jeune fille ne soit présentée. C'est la dernière étape de la cérémonie, avant d'entrer dans la partie festive où tout le monde aura à manger à sa faim et à boire à sa soif. Suivra alors la danse au grand plaisir de tout le monde.

La dot versée, le mariage est conclu. En attendant que les tantes paternelles de la jeune fille ne l'accompagnent dans la famille de son mari, elle peut, de temps en temps, aller visiter sa belle-mère et exécuter des travaux ménagers, question de démontrer son savoir-faire et sa capacité de travail.

Normalement, la période entre le versement de la dot et l'accompagnement de la jeune femme, n'est pas longue. Un à deux mois sont largement suffisants.

3.6.4. Installation de la jeune femme sous son toit conjugal :
tòkóàmvò adjema en lògòtī

La dot versée, la belle-famille prend un petit temps pour s'organiser et apprêter les biens que la jeune mariée doit apporter chez elle. Il s'agit notamment de pots, paniers, nattes, vans... Bref, tout ce qui est utile aux travaux ménagers.

Après avoir réuni tout ce qu'il faut, ainsi que la farine et le ferment pour préparer le vin de sorgho ou de maïs à offrir à la famille du mari, on constitue la délégation qui doit accompagner la jeune mariée. Cette délégation est généralement composée de quelques tantes et sœurs de la jeune mariée. Arrivée à la belle-famille, la délégation sera chaleureusement accueillie et installée avec toutes les facilités accordées afin de leur permettre de préparer la fête d'installation de la jeune mariée sous son toit conjugal.

La cérémonie consiste à abattre un bouc, accompagné de vin de sorgho ou de maïs, offert à la famille du mari par la belle-famille. Cette cérémonie constitue une bénédiction faite aux nouveaux mariés qui, désormais, prennent leur destin en main. Ce temps permet aussi à la délégation d'observer la famille qui accueille leur fille, car elles auront à rendre compte en retour aux sages de leur village.

Grosso modo, dans les rituels de mariage, il y a certainement certains aspects universels comme nous venons de le voir dans ce chapitre. Cependant, il convient de souligner que chaque société a ses particularités qu'on ne trouve pas ailleurs.

Lorsque le mariage est conclu, commence alors l'étape la plus difficile pour laquelle les jeunes mariés ne se rendent pas encore compte, c'est la vie conjugale. Le chapitre qui suit va décrire comment les Logo la vivent.

CHAPITRE QUATRIEME

LA VIE CONJUGALE

4.0. Position de problème

On se marie pour le meilleur et pour le pire, dit-on. Par là l'adage dit que le mariage oblige l'homme et la femme à plus de sens de responsabilité et à plus de sacrifice. Ce qui est visé à travers cette exigence c'est que la vie commune que les mariés entreprennent aboutisse au bonheur non seulement des parents qu'ils sont, mais aussi et surtout de leurs enfants, venus au monde comme des innocents. Agir autrement finit par conduire à un échec par lequel ce contrat social perd de son sens. Voilà pourquoi les Logo attachent une importance particulière à l'encadrement des jeunes mariés.

4.1. Des responsabilités de la femme

Une fois installée, la jeune mariée fera tout dans un premier temps sous l'autorité de sa belle-mère qui l'initie, l'encadre et l'intègre progressivement dans les habitudes de la famille.

4.1.1. Premier accouchement

L'initiation de la jeune mariée sous l'autorité de sa belle-mère peut aller jusqu'au premier accouchement de la jeune mariée, car c'est une période où la belle-mère doit lui apprendre la cérémonie de naissance et tant d'autres éléments de la coutume du clan.

Ensuite, elle commencera à lâcher progressivement la jeune femme pour prendre ses responsabilités et la commande de son foyer.

L'autonomie que prend la jeune mariée n'est que partielle étant donné que la vie qu'elle mène est communautaire. En d'autres termes, tout acte qu'elle pose est observé et apprécié par les membres du clan qui ont le droit de lui prodiguer des conseils ou de lui faire des remarques.

4.1.2. Tabous (*lāɓē en lògòti*) à observer avant et après la naissance

L'initiation à la maternité commence par des tabous à observer avant, pendant et après la naissance. Il y a notamment des interdits à certaines pratiques et à certains repas.

La femme traditionnelle logo ne mange pas la tortue, le crocodile, le singe, le boa, etc., de peur que son bébé ne ressemble à ces animaux, dit-on.

A la naissance, un régime spécial lui est imposé. Généralement d'origine végétarienne, sauf certains animaux qui, selon la tradition, ne lui pose pas problème tels que l'antilope et le daman.

4.1.3. Dénomination de l'enfant

Trois jours pour les filles et quatre jours les garçons, après la naissance, l'enfant reste sans nom, car les Logo pensent qu'il s'agit d'une période d'observation pendant laquelle chaque clan fait une cérémonie à l'issue de laquelle l'enfant est admis dans le clan. S'il meurt pendant cette période, l'on conclut que l'enfant n'appartient pas au clan, et que sa mère l'aurait conçue de quelqu'un qui est en dehors de la famille. Le rituel consistant à garder l'enfant sans nom pendant autant de jours s'appelle *ɭābē*. Pendant ce temps, la mère du bébé observe un régime alimentaire spécial, dépendant d'un clan à un autre.

Il s'agit d'une mère qui porte son enfant au dos dans un porte-bébé (búɭàká) fabrique avec la peau de bête A cote, il y a un parasoleil tisse avec le papyrus et à la main un rocher (kòyà) qui sert à bercer l'enfant

Le troisième jour (pour une fille) et le quatrième jour (pour un garçon), la cérémonie de dénomination de l'enfant se fait sous le patronage de la tante paternelle de l'enfant.

Le nom, souvent circonstanciel, peut avoir été choisi par le grand-père, la grand-mère ou un autre, mais c'est la tante qui le prononce pour la première fois. Après avoir fait des incantations, elle pose l'enfant trois ou quatre fois, selon qu'il s'agit d'une fille ou d'un garçon, sur le dos de sa mère en prononçant à haute voix le nom de l'enfant.

La mère de l'enfant peut, elle aussi, donner un nom à son enfant, mais cela ne ferait pas l'objet de la cérémonie, sauf si la famille s'était accordée pour qu'elle donne un nom.

Une femme qui donne un enfant commence à prendre d'importance dans le clan. Plus elle a d'enfants, plus importante elle devient dans le clan, c'est-à-dire qu'elle mérite une grande considération au sein du clan, car elle l'enrichit.

Les soins de l'enfant constituent une activité principale de la femme. En dehors de cela, il y a les travaux ménagers : préparer à manger, entretenir la maison…

La femme doit disposer des matériels appropriés pour exécuter des travaux ménagers.

4.1.4. Matériels dont la femme doit disposer pour les ménages

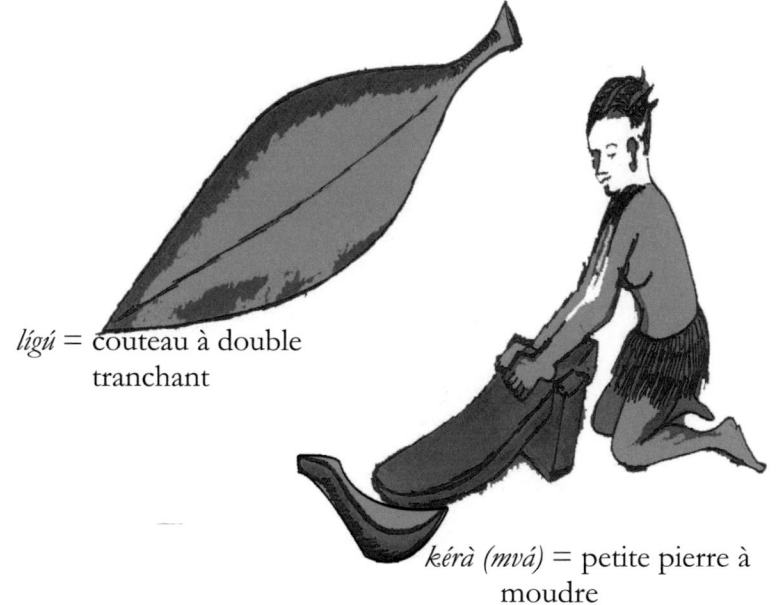

lígú = couteau à double tranchant

kérà (mvá) = petite pierre à moudre

Outre les couteaux, il faut disposer de la vannerie

ndakpá = le van

ndakpá (mvá) = petit panier sert d'assiette

kánzè =panier

kánzè (mvá) = petit panier d'assiette

késákò = filtre de bicarbonate (sel traditionnel)

kēyá ngá = *tami*s

pìrí = natte

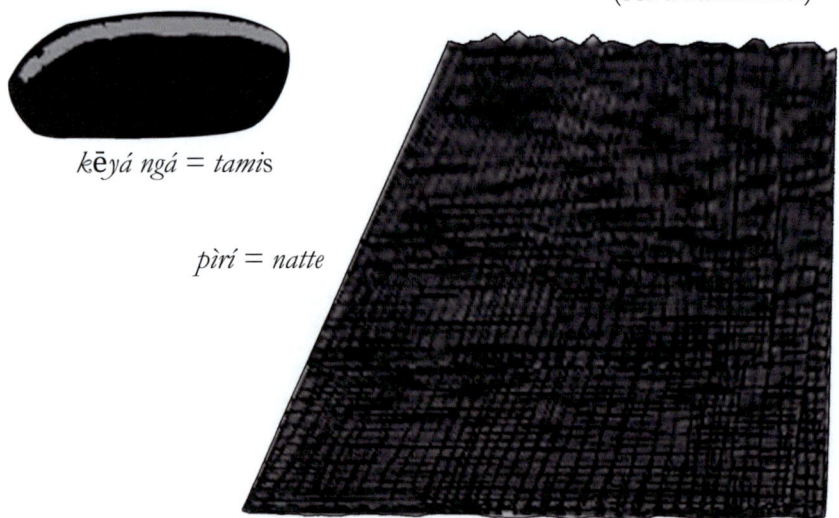

kõmã = mesure de capacité fabriquée sur base de calebasse

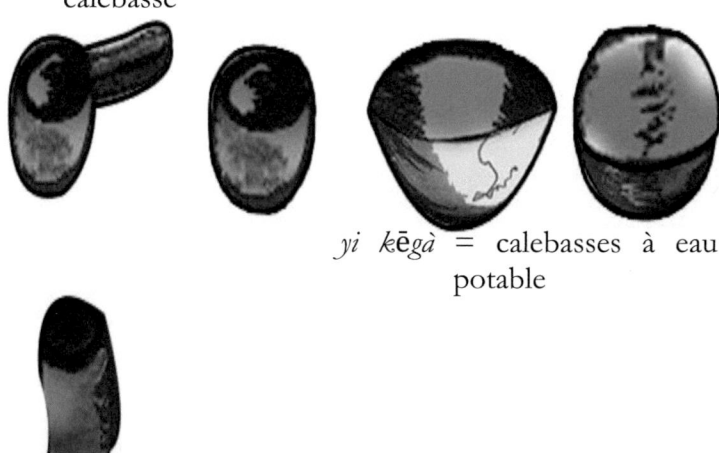

yi kēgà = calebasses à eau potable

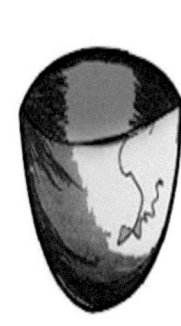

wá kēgà = calebasses à vin

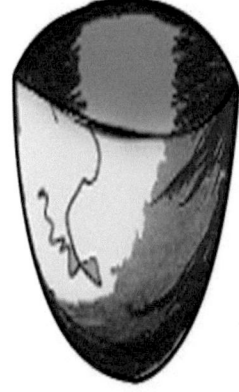

kúrúkú = gourdin à base de calebasse

kélɛpɛ = louche à base de calebasse

La poterie fait partie des atouts non négligeables dont la jeune femme doit disposer pour les travaux ménagers.

Les Logo disposent notamment des pots servant à puiser de l'eau, à garder le vin, à cuire les légumes ou à garder la sauce, à fabriquer la pâte, à préparer le vin de maïs et de sorgho.

Voici comment ces différentes sortes de pots fabriqués par les femmes Logo se présentent :

yílèdré = pot pour puiser de l'eau

wálèdré = pot qui sert à garder le vin

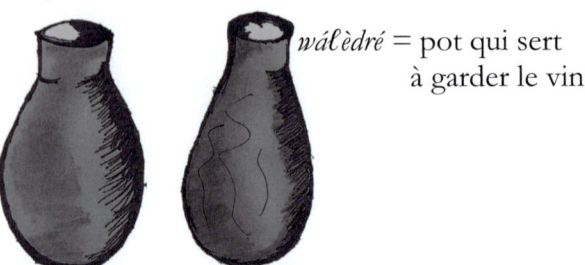

àtólèdré = pot à sauce ou pour cuire les légumes

lényá lèdré = pot à fabriquer la pâte

mòrá = gros pot qui sert à préparer le vin de maïs ou sorgho

4.1.5. Activités de la vannerie et de la poterie

Chez les Logo, la vannerie et la poterie sont les deux secteurs d'activités réservés aux femmes.

Toutes les femmes apprennent la vannerie, car chacune d'elle doit fabriquer ses nattes, ses paniers et tout autre objet usuel.

Par contre, la poterie relève d'un art spécial réservé aux plus talentueuses et plus initiées. Celles qui s'en occupent sont rares, car le travail de recherche de l'argile approprié n'est pas facile.

De plus, la fragilité de l'ouvrage - de la fabrication à la production finale - demande beaucoup de tact et de patience. Ce qui n'est pas donné à toutes les femmes.

Curieusement, c'est le produit de cet art qui est le plus usité par les femmes. Elles ont besoin de pots pour de l'eau, pour cuire la nourriture, pour préparer le vin de sorgho, pour conserver certains produits agricoles, etc. C'est chaque jour et en tout moment que le produit de la poterie est utilisé dans les différents foyers.

Ce sont donc les artistes de la poterie qui sont plus sollicitées dans la société Logo pour les travaux ménagers, alors que les artistes de la poterie ne peuvent pleinement travailler que pendant la saison sèche. C'est la période qui se prête mieux à ce travail, car on tire profit du grand soleil pour sécher vite les produits.

Aussi, en dehors du travail ainsi exposé, les artistes féminins doivent en même temps s'occuper de leurs travaux ménagers. Ce qui rend difficile leur travail pendant la saison des pluies qui est réservée à la culture.

En ce qui concerne la vannerie, la meilleure période pour l'exercice s'avère également être la saison sèche, parce que les femmes peuvent se rendre facilement à la forêt ou dans les cours d'eau pour s'approvisionner en papyrus qui se traite facilement pendant la saison sèche.

La saison sèche constitue donc pour les femmes la meilleure période pour produire tous les ouvrages d'art dont elles ont besoin pour leurs activités. En effet, lorsque les travaux de récolte des produits agricoles d'arrêtent et que les hommes s'adonnent à la chasse, à la pêche, les femmes s'occupent des travaux d'art.

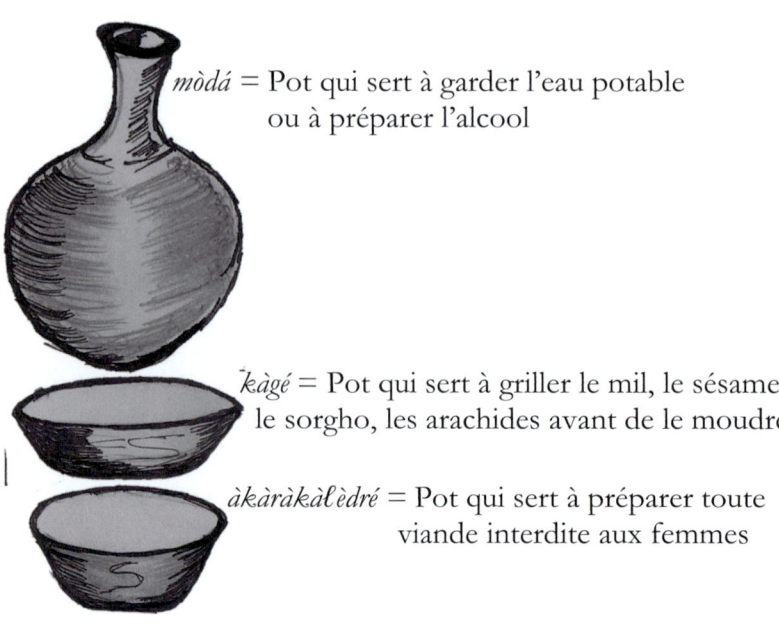

mòdá = Pot qui sert à garder l'eau potable ou à préparer l'alcool

kàgé = Pot qui sert à griller le mil, le sésame, le sorgho, les arachides avant de le moudre

àkàràkàɭèdré = Pot qui sert à préparer toute viande interdite aux femmes

D'autres ouvrages d'art pour la cuisine sont fabriqués en bois.
sángó = mortier

sángo fɛ = le pilon

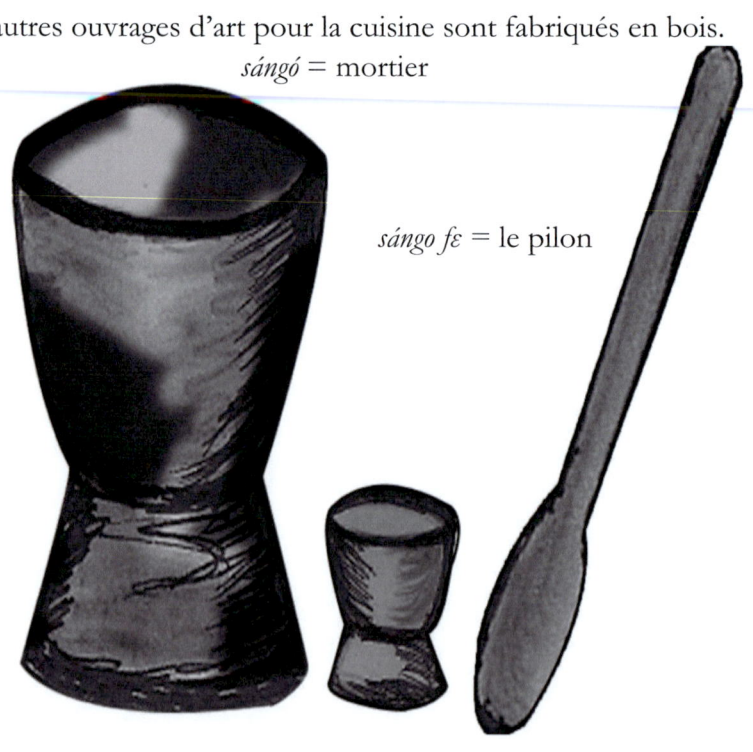

Lògò tòkwá āré ngá ɫādé //Une femme Logo à la cuisine//

4.2. La femme et ses devoirs dans l'approvisionnement de la famille

Dans la société Logo, une femme se fait apprécier également par sa capacité de tenir aux travaux de champs.

Les cultures principales connues dans la tradition Logo sont :
- Le sorgho : • *ndàɫà*
  - • *kùɫùngbù*
  - • *màngbógó*
- Le mil : • *nyá*
- Le sésame : • *kányú*
  - • *màníga*
- Le haricot : • il y a plusieurs sortes d'haricots :

- *ℓògò kósó*
- *bàrì kósó, kàré kósó …*

- Le pistache : • *kòngòròℓò, séngó, àbándú*
- La patate douce : • *bàkàyà*
- L'igname : • *ℓákíná*
- Le concombre : • *kúrújú*
- L'aubergine : • *ngùℓí*
- La courge : • *ángúbá, kabi, bangiℓà*

En tant que semi-sédentaires, les Logo vivaient en partie de la cueillette également, car il y a des nourritures qu'ils se procuraient dans la nature. Il y a notamment :

- *kɛndrɛ*   : igname spéciale se trouvant dans la nature
- *kúlápi*   : légume sauvage
- *tàpìrì*   : légume sauvage
- *kejúrúkú*   : fourmis récoltées des termitières
- *kóngwa*   : termites récoltés périodiquement
- *drĕ*   : champignons récoltés périodiquement
- *kénzé kère* : chenilles, récoltés périodiquement
- *kɛsɛ*   : sauterelles récoltées périodiquement
- *tombé*   : crickets migrateurs : récoltés périodiquement

De tout ce qu'il ramasse dans la nature, le Logo a inventé des techniques pour les conserver.

Il s'agit de la conservation des termites, des sauterelles, des criquets migrateurs, des champignons, des chenilles, conservés par séchage suivant des procédés différents. C'est ainsi qu'il parvient à s'assurer la sécurité alimentaire en protéine.

D'autres produits agricoles qui sont actuellement intégrés dans la culture Logo, sont venus tard vers le début du 20e siècle, à l'arrivée du colonisateur. Parmi ces produits, on peut citer le maïs, le manioc, les arachides, le riz, et d'autres espèces de haricots qui se retrouvent partout aujourd'hui.

Pour les travaux de champs, la technologie Logo ne lui fournissait que les matériels aratoires suivants : la houe (*kàfú ou àcwâ*), le gros couteau (*sàkínè*), la hache (*gbónó ou kùbàkú*), le coupe-coupe (*múgú*), la houe accrochée à une manche de bois courbé (*pálágétá*), le crochet en bois pour remuer le champ, crochet souvent utilisé par les femmes pour ramasser les herbes (*ngòròkõ*).

Représentons ces outils en image :

4.3. Matériels de travail dont se sert l'homme

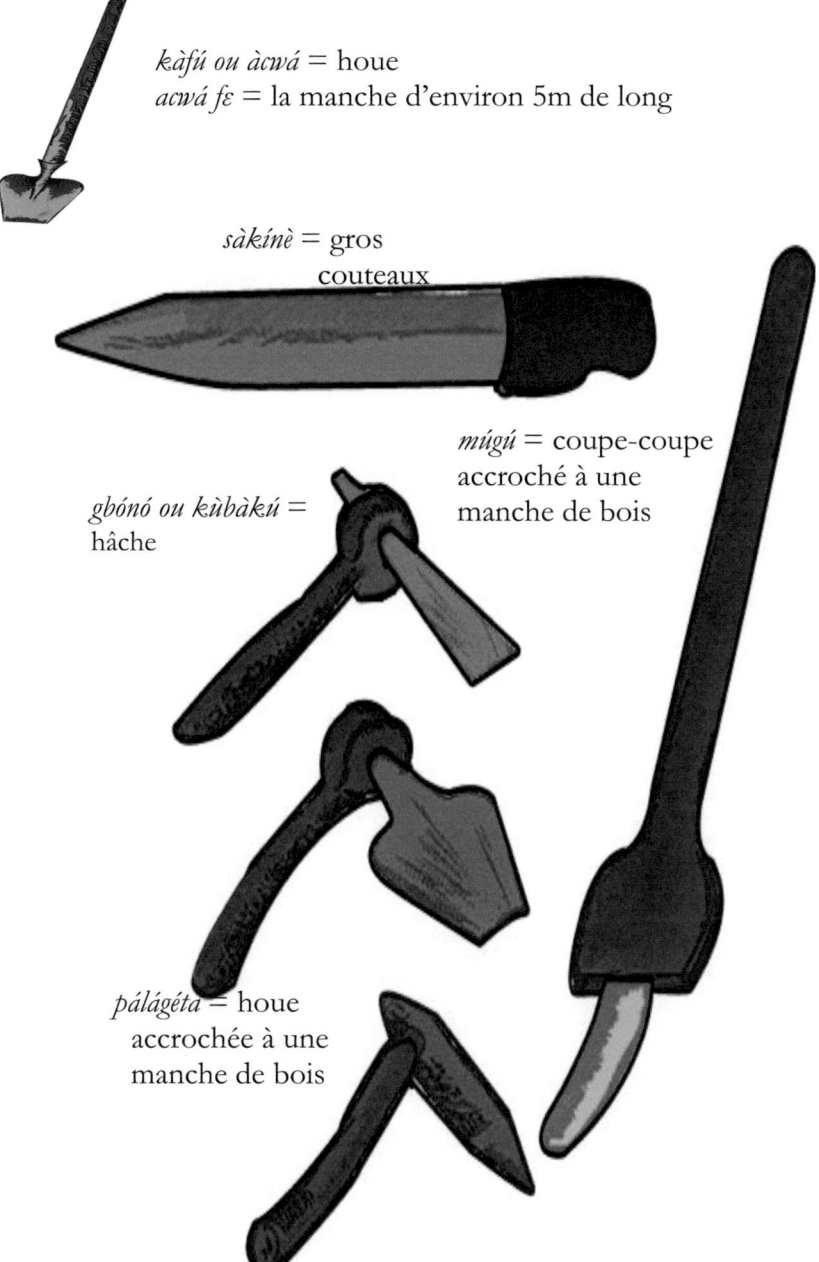

kàfú ou àcwá = houe
acwá fɛ = la manche d'environ 5m de long

sàkínè = gros couteaux

múgú = coupe-coupe accroché à une manche de bois

gbónó ou kùbàkú = hâche

pálágéta = houe accrochée à une manche de bois

ngòròkõ = crochet en bois pour remuer le champ ; utilisé par la femme pour ramasser les herbes

4.3.1. L'homme et ses devoirs conjugaux

C'est l'homme qui défriche le champ et abat les arbres, avant de brûler et ramasser ensuite les arbres pour dégager le terrain.

Puis, il remue le terrain à la houe, avant que la femme ne prenne son *ngòròkò* pour ramasser les herbes, et procéder au semi avec le mari.

ℓògò ágó ãrɛ dòrògwá sõ = un homme logo défriche le champ

Le sarclage des champs et la récolte reviennent généralement à la femme, sauf si la moisson est tellement abondante et qu'on ne peut pas laisser à la femme seule, de peur de voir abîmer la culture.

Les travaux de champs constituent la seule activité commune que l'homme et la femme partagent, accompagnés de leurs enfants, filles comme garçons.

4.3.2. Les travaux collectifs

Les travaux collectifs sont souvent organisés pour alléger la charge aux familles.

Deux types de collaboration existent dans les travaux de champs.

La première forme consiste à se mettre ensemble, hommes et femmes, pour travailler à tour de rôle dans les champs des coopérants.

La deuxième consiste à inviter les membres du clan, dont le nombre dépend de la capacité du bénéficiaire à les nourrir et à les abreuver. Dans ce cas, le bénéficiaire offre un grand repas et le vin de sorgho pour abreuver ses invités.

Ce mode de collaboration symbolise à la fois la volonté de mener une vie communautaire solide et à cultiver l'esprit d'entraide entre les membres du clan.

La première forme du travail collectif s'appelle *màkíríngbà*, probablement du lingala *likelamba*, et la deuxième forme s'appelle *wòyá*.

À la fin de *wòyá*, qui ne dure qu'une journée par famille ; tout le monde se retrouve le soir chez le bénéficiaire pour prendre le reste du vin de sorgho. Une occasion pour les membres du clan d'échanger des idées autour des sujets divers.

4.3.3. Difficultés liées au travail collectif dit *wòyá*

N'étant pas souvent planifié ensemble, ce genre d'organisation, qui ne dépend que de l'initiative et de la capacité du bénéficiaire, pose deux types de problèmes.

D'abord, deux ou trois familles peuvent projeter le *wòyá* le même jour. Dans ce cas, le clan est obligé de s'éclater à plusieurs groupes, donnant un rendement moindre.

Ensuite, s'il y a plusieurs programmateurs de travaux collectifs pendant plusieurs jours, ceux qui n'ont pas la capacité d'organiser ce type de travail sont défavorisés et risquent de ne pas avoir une moisson abondante à la fin de la saison culturale parce qu'ils auront passé une bonne partie de leur temps à travailler au profit des autres.

A la fin de la saison culturale, lorsque les femmes s'occupent de la récolte de mil, sorgho, sésame et autres, les hommes s'adonnent à deux activités principales : la chasse et la pêche.

4.3.4. De la conservation des récoltes

Les produits récoltés sont conservés de plusieurs manières dans différentes sortes de greniers appelés : *kèró* ou *kípí*.

En voici quelques illustrations :

Il y a plusieurs sortes de grenier chez les Logo dont voici les trois principaux.

Les greniers (1) et (3) se ressemblent en ce sens que le mur (le corps) est fabriqué avec de l'argile bien battue, sauf que le grenier (1) a une porte et (3) n'en a pas.

Pour accéder au grenier (1), on entre par la porte pour retirer les produits agricoles et pour le grenier (3), l'on soulève la toiture avec un long bâton et l'on place une échelle en bois, comme pour (1) afin de monter dans le grenier.

Quant au grenier (2), tout est en paille. Pour y accéder, on soulève la toiture avec un long bâton et on place une échelle en bois.

4.4. La chasse et la pêche

La chasse et la pêche se pratiquent en réalité pendant toute l'année, mais plus en saison sèche qu'en saison des pluies, car les travaux de chams ne donnent pas beaucoup de temps pour aller à la chasse ou à la pêche. En saison des pluies, on pratique la petite chasse et la petite pêche, juste pour parer à la carence de la nourriture.

C'est ainsi que les hommes compartimentent les espaces non cultivés tout autour de leurs champs, afin de surveiller la présence des antilopes. Dès qu'il remarque leurs traces, les filets sont tendus autour du compartiment et à l'aide des chiens, on disperse les bêtes en repos pour les attraper dans les filets. Pour la pêche, on tend également des pièges dans les cours d'eau environnants pour attraper les poissons.

La technologie traditionnelle Logo leur offre les instruments ci-après pour la chasse et la pêche.

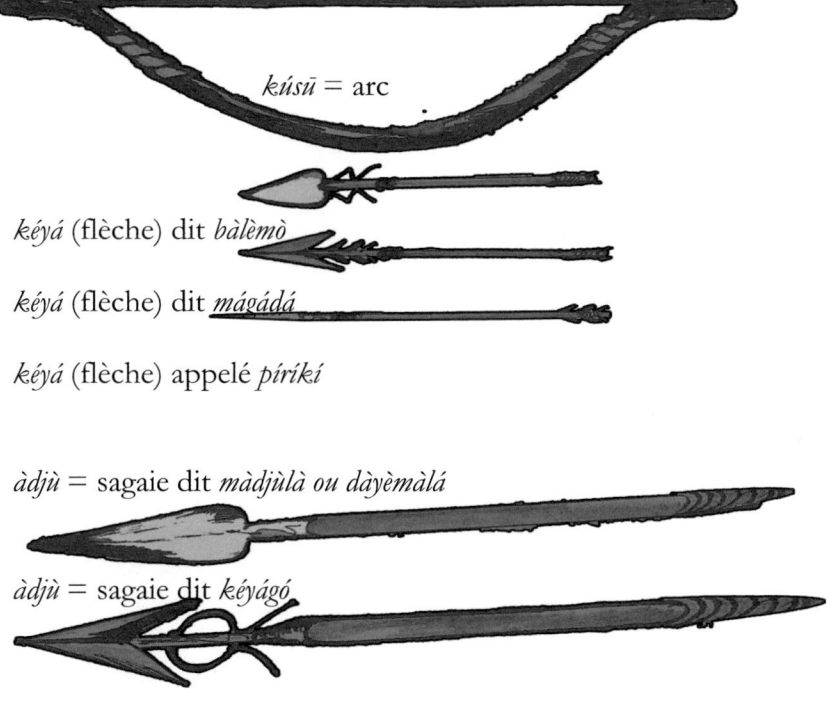

kúsū = arc

kéyá (flèche) dit *bàlēmò*

kéyá (flèche) dit *mágádá*

kéyá (flèche) appelé *píríkí*

àdjù = sagaie dit *màdjùlà ou dàyèmàlá*

àdjù = sagaie dit *kéyágó*

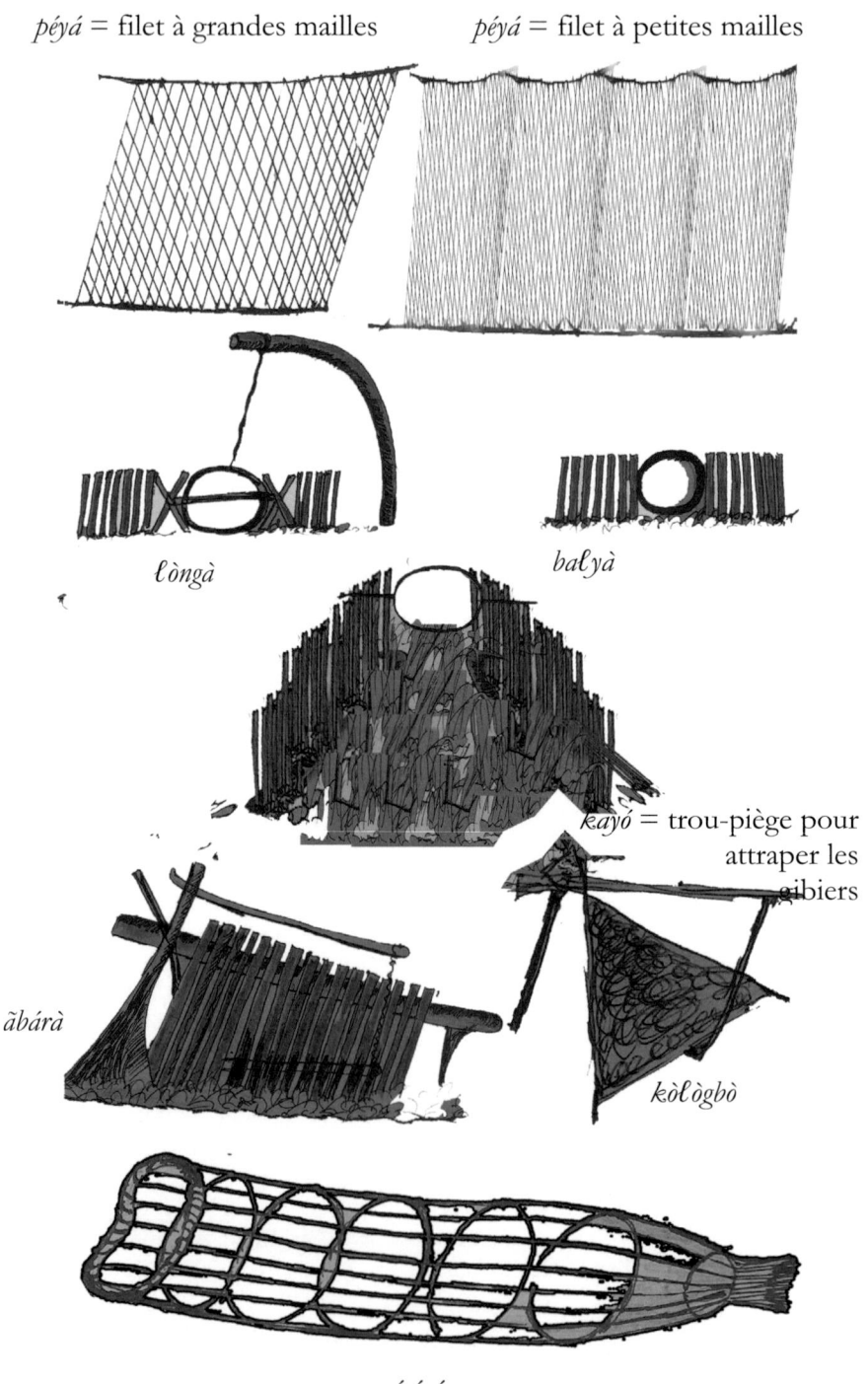

82

péyá = Filets

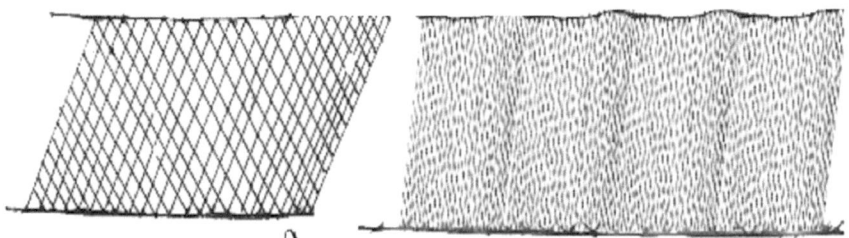

mȕtútú = petite nasse

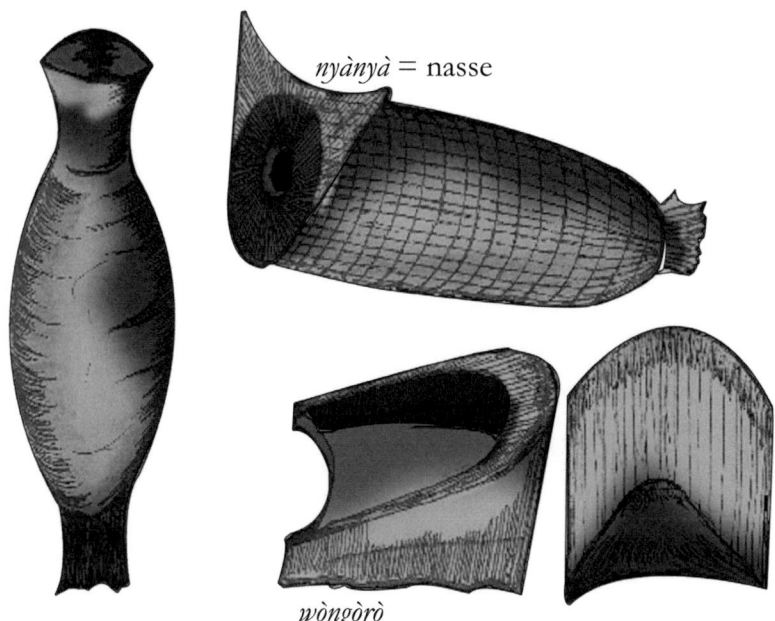

nyànyà = nasse

wòngòrò

A part les pièges pour attraper les poissons, il existe deux autres techniques.

La première technique consiste, en saison sèche, à ériger des barrages sur des petits cours d'eau pour vider l'eau, afin de permettre aux pécheurs de ramasser les poissons avec le *wòngòrò*. Les pécheurs recherchent les poissons dans leurs niches.

La seconde technique de pêche consiste, dans les grandes rivières, à empoisonner l'eau avec les produits toxiques issus d'écorces d'arbres ou des tubercules de quelques lianes. Les écorces les mieux connues sont celles de *ɫàdó, nyànzìgú* et les tubercules de *màlórò*. Ces tubercules sont également utilisés comme savon pour lessiver les habits. Cette deuxième technique est bien sûr la plus destructrice, car elle ravage les poissons sans épargner les petits que l'on ne ramasse même pas pour besoins de consommation. Les pêcheurs se ruent sur les gros poissons et abandonnent les plus petits. Ils sont conscients que les poissons attrapés dans ces conditions ne peuvent être consommés frais, il faut les fumer.

Les pêcheurs utilisent également les petits filets pour attraper les poissons et souvent, ce sont les mêmes filets utilisés pour attraper les petits gibiers tels que les chevrotins aquatiques, les damans… Les femmes sont parfois associées à la pêche, surtout lorsqu'il s'agit de vider les petits cours d'eau afin de ramasser les poissons. Les autres techniques de pêche sont uniquement réservés aux hommes, à cause de risques qu'ils peuvent présenter. Tout en participant à cette activité importante de la vie, il est connu que dans la tradition Logo, les femmes ne mangent pas les poissons.

4.5. La cueillette et la récolte des insectes divers

La cueillette et la récolte des insectes divers constituent d'autres sources d'alimentation chez les Logo.

4.5.1. Légumes et fruits

Il y a plusieurs sortes de *feuilles* ou de *fleurs* que les Logo se procurent périodiquement dans la nature comme légumes. Les plus connues sont : *kúɫápí, tàpìrì, ɫàyéfó,* etc. Il en est de même des *fruits* tels que *ɫìmvú, ɫépà, ɫódryá, kàbù,* etc.

4.5.2. Insectes

Les insectes dont les Logo se nourrissent sont :
- *kènzé kère* = chenilles
- *kɛsɛ* = sauterelles
- *tombé* = criquet migrateur
- *kóngwa* = termites
- *kejúrúkú* = fourmis maçonnes
- *dré* = champignon

Ces activités sont généralement réservées aux femmes, mais les hommes peuvent également y participer, surtout pour la récolte des termites, des sauterelles et des criquets migrateurs.

Tous ces produits alimentaires, une fois récoltés, peuvent être conservés pour une longue période, suivant le procédé de traitement de chaque espèce. Pour les *chenilles* par exemple, on les récolte, ensuite, on les grille dans une marmite chaude pour enlever les poils et les faire éclater pour évacuer l'intestin avant de les exposer au soleil pour les sécher. Une fois séchées, on les conserve dans une grande marmite (pot) fermée, ou dans un panier bien couvert.

Quant aux *sauterelles*, termites et criquets migrateurs, on les fait bouillir dans une grosse marmite, ensuite on les étale au soleil, avant de les vanner pour enlever les ailes. On peut alors les conserver secs comme les chenilles.

En résumé, dans la communauté logo, on reconnaît les conjoints responsables par leur assiduité dans les tâches qui reviennent à chacun. Lorsque chacun accomplit correctement sa tâche, il ouvre la voie à la bonne attente au sein de sa famille et il donne un bon exemple aux enfants qui se préparent à la vie conjugale également.

C'est pourquoi, les tâches sont clairement réparties dans la société logo : l'homme a des tâches qui lui reviennent et il sait à quelle étape il doit associer la femme et les enfants. Il en est de même pour la femme.

Toute cette réglementation est codifiée de diverses manières. Nous avons choisi de nous appesantir sur la codification par les chansons relatives à la vie conjugale. Mais avant d'analyser ces chansons, il nous semble important de cerner quelques vocabulaires et expressions clés devant servir à la bonne compréhension des chansons choisies. C'est l'objet du chapitre qui suit.

CHAPITRE CINQUIEME

QUELQUES VOCABULAIRES, EXPRESSIONS ET CHANSONS LOGO EN RAPPORT AVEC LA VIE CONJUGALE

5.0. Argument

Il ne s'agit certes pas d'établir un lexique spécialisé exhaustif de la vie conjugale, mais plutôt d'un supplément lexical et d'une liste d'expressions courantes liées à ce domaine dans la langue Logo. Le supplément lexical servira de guide au lecteur pour mieux saisir le contenu des chansons choisies.

Les chansons présentées ci-dessous ont été sélectionnées à cause de leurs contenus comme matériaux servant à analyser la vision de la vie conjugale chez les Logo. Elles seront analysées thème par thème pour comprendre ce que veulent les Logo ou ce qu'ils attendent des familles ou des individus qui exploitent ces chansons.

5.1. Vocabulaire relatif à la vie conjugale

Il ne s'agit pas uniquement du vocabulaire concernant le mariage ou les relations conjugales entre l'homme et la femme, mais du vocabulaire courant de la vie quotidienne des Logo dans leur société. Ceci donnera la lumière sur la conception de la vie conjugale telle que vue par les Logo et reprise dans ses grandes lignes dans le supplément lexical que nous exposerons dans la suite de notre propos.

5.2. Expressions relatives à la vie conjugale

L'objet de cette étude est l'analyse des chansons relatives à la vie conjugale mais, pour permettre au lecteur de bien pénétrer les contenus des chansons qui, du reste, contiennent des mots et des expressions bien sélectionnées, la présentation et l'explication de certaines expressions s'avèrent nécessaires.

Les mots et les expressions expliquées d'avance auront préparé le terrain pour une bonne lecture et une bonne compréhension des matériaux à analyser.

Les mêmes mots, et les mêmes expressions se retrouvent dans l'une ou l'autre des chansons retenues.

Chacune des expressions sera brièvement analysée étant donné qu'il y a aussi des proverbes dont les contenus exacts ne sont pas faciles à saisir. Il y a beaucoup de non-dits ou des sous-entendus dans ces genres d'expressions et proverbes.

L'avantage de parcourir les expressions Logo relatives à la vie conjugale est que, dans une certaine mesure, elles donnent beaucoup de lumière sur la vision du monde par les Logo, sur l'environnement social et sur la vie quotidienne dans cette société. Bref, elles jouent aussi le rôle de codification des valeurs morales dans la société, à la seule différence qu'elles sont rendues dans une phrase, alors que les chansons peuvent en avoir plus.

La liste n'est pas exhaustive. Une trentaine d'expressions (et proverbes) ont été découvertes et retenues lors de recueil des chansons sous examen afin d'illustrer la vision du monde par la société logo et surtout pour montrer comment ils désignent certaines réalités de la vie pratique.

Dans la création lexicale Logo, les termes *bá* qui vient de *bádrè* (homme générique), *ℓíyí* (propriétaire), *ℓóngbó* (de la vraie filiation) désignent l'agent personnel à partir des substantifs, ainsi on aura par exemple quelques expressions-clés et proverbes ci-après :

5.2.1. Quelques expressions-clés

01. Avec *bá*

- *àjú* = guerre ⇒ *ajúbá* = guerrier//guerre/homme//
- *tōgó* = cœur ⇒ *togóbá* = gourmand//cœur/homme//
- *àlògó* = premier (temps) ⇒ *àlogobà* = ancêtre, premiers occupants, premiers hommes//premiers/hommes//
- *kàsyà* = envie ⇒ *kòsyàbá* = piteux
- *tézà* = souffrance ⇒ *tézàbá* = malheureux, pauvre
- *tògyá* = intelligence ⇒ *tògyábá* = un homme intelligent

02. Avec *ℓíyí*

- *dèrèmà* = jalousie ⇒ *dèrèmà ℓíyí* ⇒ la jalouse, le jaloux//jalousie/propriétaire//
- *àdrúpì* = fraternité ⇒ *àdràpìℓíyí* = qui se vante de la fraternité//fraternité/propriétaire//
- *áró* = fraternité ⇒ *áró ℓíyí* = fraternité (qui a beaucoup de frères)
- *bá* = village ⇒ *bá ℓíyí* = qui se vante d'être le propriétaire du village

- *ngá* = chose ⇒ *ngàɭíyí* = qui se vante d'être riche (de posséder beaucoup de biens)
- *ágó* = époux ⇒ *ágóɭíyí* = qui se vante d'être la seule épouse de…
- *vòrà* = place, région ⇒ *òràɭóyí* = qui se vante de posséder le lieu
- *tà* = affaire, nouvelle ⇒ *tà ɭóyí* = criblé de problèmes

Lorsque *ɭíyí* suit immédiatement un substantif, son emploi est péjoratif. Alors que le même qualificatif peut être utilisé pour signifier *propriétaire de*. Dans ce cas, le substantif est suivi du possessif *nē*, qui marque l'appartenance de quelque chose à quelqu'un : *vòrà nēɭíyí éngwà ?* // place + poss/propriétaire/où // où est le propriétaire de cette place ?

Comme on le verra plus loin, cet emploi péjoratif est fréquent dans les chansons et dans certains proverbes.

Il sert souvent à dénoncer les défauts constatés dans le chef de certaines personnes.

Qualifiée de cette manière, toute personne consciente est appelée à modérer son comportement pour ne pas gêner la communauté.

03. Avec *lóngbó*

Il s'agit de cas rare ici, mais très significatif sur le plan de la filiation dans la société Logo.

C'est ainsi que les expressions ci-dessous sont courantes :

- *ànzó* = sœur ⇒ *ànzóɭóngbó* = sœur de sang (la vraie)
- *àdrùpì* = frère ⇒ *àdrùpìɭóngbó* = frère de sang (le vrai frère)
- *ɭóngbó nya nè* //frère /sœur du sang/manger/lui // ne peut être offert à manger qu'à celui qui est le vôtre (de sang)
- *ɭóngbó yo* //… du sang/pas // il n'y a pas un seul du sang (il n'y a pas un seul frère/sœur du sang) //

Chez les Logo, lorsqu'on qualifie quelqu'un de *àdrùpìɭóngbó* (frère de sang) ou *ànzóɭóngbó* (sœur de sang), cela veut dire que son appartenance au clan ne soulève aucun doute.

5.2.2. Proverbes divers

01. *Àdrùpì ngá àgá Pē*
//Fraternité /chose/grande/être //
- Il n'y a rien qui vaut plus que la fraternité

Le système matrimonial logo étant patrilinéaire, il est normal qu'un adage qui perpétue cette idée maîtresse de relations entre frères existe.
C'est une manière de montrer aux générations à venir qu'elles sont liées par le sang de leurs pères.

02. *Kàɓòmà ngá kònzè Pe*
// Solitude /chose/mauvaise/être//
- Il faut éviter de vivre seul.
- Il faut éviter la solitude.

Ce proverbe correspond à la philosophie de la vie communautaire que défend la société logo.
La vie d'un homme solitaire est bonne tant qu'il n'y a pas de problème. Une fois confronté aux problèmes, c'est alors qu'un homme solitaire s'aperçoit que la solitude est mauvaise, car il n'aura personne pour l'assister.
Seul, on croit peut-être avoir moins de problèmes, alors que c'est le contraire, car on ne sait pas partager le poids de ses difficultés avec les autres.
Dans la communauté, tout le monde intervient et on allège le poids des soucis personnels : « l'union fait la force », dit l'adage.

03. *Ādrá ɓàgàsɛ*
// Belle-mère/ à côté//
- À côté de la belle-mère
- On échappe à la belle-mère

Àdrá ɓàgàsɛ est le nom d'une gibecière qui cache bien son contenu. Tissée avec le raphia, *àdrá ɓàgàsɛ* est cette gibecière est fabriquée de manière à ce que son contenu soit invisible de l'extérieur, à moins de l'ouvrir.
Vide ou chargée, *àdrá ɓàgàsɛ* garde la même forme.

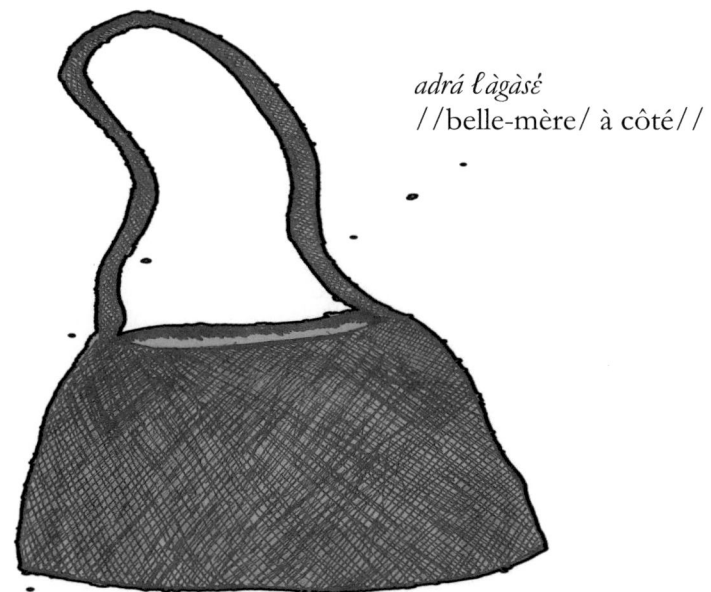

adrá ɭàgàsɛ
//belle-mère/ à côté//

Pourquoi ce nom ? Quel rapport y a-t-il entre une gibecière et une belle-mère ? Chez les Logo, la belle-mère est l'une des personnes à qui on doit tout : obéissance, serviabilité… En d'autres termes, le beau-fils offre à la belle-mère tout ce qu'il attrape, tout ce qu'il y a de beau, il ne peut donc pas passer à côté de la belle-mère sans lui offrir ce qu'il a.

Or, l'égoïsme étant humain, les hommes s'arrangent pour déroger à cette règle d'or. Pour échapper à cette règle, ils ont inventé la gibecière qui ne laisse pas transparaître son contenu. Ainsi, le beau-fils peut échapper en cachant son précieux colis dans la gibecière, étant donné que la belle-mère n'aura même pas le courage d'aller fouiller. On l'appelle aussi *kòmvò*.

04. *Mànikõ mà nyã*
//Nous /savoir + nég/manger//
- Que nous sachions de quoi il s'agit, ou pas, nous le mangeons
- Rien ne sert de choisir ce qu'il faut manger

Le proverbe qui dit en logoti *mànikõ mà nyã* est utilisé pour désigner tout ce qui est interdit aux femmes. Les termes sacrés étant *àgónzà*, ou *àkàràkà*. Il s'agit généralement de viande d'animaux tels que le varan, le bois, le singe, le crocodile… dont on prétend que la viande pourrait négativement agir sur la grossesse et le futur bébé. C'est pourquoi, une femme enceinte ne peut pas les manger. Ils constituent des interdits pour les femmes enceintes.

05. *Àkàràkà l̀èdré*
//Viande interdite aux femmes/pot//
- Pot qui sert à cuire la viande interdite aux femmes et aux filles.

En dépit de cette interdiction, ce sont les femmes qui cuisent cette viande à leurs époux. Ce sont elles qui manipulent la marmite dans laquelle les viandes interdites sont cuites, sans pouvoir se permettre de goûter son contenu.

06. *Má nyá mányá mányá nyānyā nyā lényā sɛ*
//Je/manger/à moi/varan/manger/ manger/mil/pâte/avec//
- Moi, j'ai l'habitude de manger la viande de varan accompagnée de la pâte de mil.

Exercice littéraire complexe (paronymie) auquel se livrent les locuteurs logo pour prouver qu'ils maîtrisent bien la langue. Il est souvent fait pour faire rire, lorsqu'on n'arrive pas à articuler correctement la phrase. Une réalisation correcte doit donner lieu à un message correct et bien articulé comme ci-dessus !

L'analyse structurale de la phrase ci-dessus montre que la répétition du verbe *manger* // *nyā* → *nyānyā* marque *l'habitude de manger*. Il en est de même pour les autres verbes qui seraient utilisés de la même manière.

07. *Nyàsà bókɛ l̀àl̀é ònzɛ̀*
//Nourriture/bonne/problème/mauvais//
- Privilégiez la nourriture et non les problèmes
- Eviter les problèmes au profit de la nourriture

Lorsqu'on se nourrit bien, on est en bonne santé, la conscience tranquille et l'esprit aussi.

Tandis que quand on crée des problèmes, on ne sera pas tranquille physiquement, mentalement et moralement.

C'est autour du repas qu'on s'unit et qu'on partage tout avec les autres. Ainsi on sécurise la communauté dans laquelle on vit. Par contre, les problèmes divisent les hommes et mettent la vie communautaire en péril.

La conception logo de la vie privilégie le communautarisme ; cela de peur de tuer la fraternité qui se construit autour du repas. Pour mieux vivre, il faut éviter des problèmes ⇒ *Mieux vaut manger que d'affronter des problèmes.*

08. *Gbóróbáɫɛ̀ àndé àndé*
//Gorge/différent/différent//
- Chacun a son goût/chacun à son goût
- Chacun suivant ses capacités
- Il ne faut pas imiter l'autrui
- Chacun a son style

Ce proverbe exprime clairement le droit à la différence qui existe dans la société humaine.

09. *Tà trɛ̄trɛ̄ sɛ à sɛ zā̆ fwà*
//Affaire/pressé/pressé/à cause/on/tirer/ viande /os//
- Celui qui tremble se sert de l'os
- Qui tremble se sert mal

Ce proverbe fait appel à la *lucidité* et à la *patience* avant d'agir. Ne pas agir dans la précipitation de peur de passer à côté de la bonne solution. La sagesse doit primer dans la recherche de solution à tout problème.

10. *Kànzá kònzyá sù líyá (nā)*
//Pénis/mauvais/convenir/propriétaire + poss...//
- Chacun a ses méthodes
- Chacun est rodé dans son métier

Par pudeur, on évite souvent le terme *kànzá* (pénis) pour le remplacer par le mot *ngá* (chose) pour dire :
ngá kònzyá sù ɫíyé(nà)
//chose/mauvaise/convenir/propriétaire + poss...// ou bien :
kàfú tàɫí sù ɫíɫyá nā
//houe /couverte/convenir/propriétaire + poss...//
- Chacun à sa manière

Quoi qu'il en soit, le message que l'on peut retenir ici est que chacun utilise à sa manière les outils de travail fabriqués par lui ou mis à sa disposition. En d'autres termes, chacun utilise ses membres (qui sont des instruments donnés par Dieu) à sa manière.

Les membres qui sont les miens, qu'ils soient longs ou courts, grands ou petits, gros ou maigres, il n'y a que moi qui sais comment m'en servir, car cela relève de la communion entre moi et Dieu qui me les a légués.

11. *Àgòzyá màngù Pē ?*
//Adversaire/rhinocéros/être ?//
- Ne craignez pas l'adversaire

A travers le proverbe qui stipule : *àgòzyá màngù Pē ?*, le Logo fait comprendre à son interlocuteur qu'il ne faut pas craindre l'adversaire avant de l'affronter.

En réalité ce proverbe pose la question suivante : « L'adversaire est-il un rhinocéros ? » Sous-entendu, si oui, on peut le craindre, sinon, on l'affronte ! Or, parlant des hommes, un adversaire ne peut jamais être un rhinocéros ; pourquoi le craindre alors ?

Il s'agit ici d'un acte de bravoure ! Mieux, d'un test de bravoure lorsqu'on se prépare à affronter l'ennemi. En d'autres termes, il ne sert à rien de craindre l'adversaire avant de l'affronter, car l'apparence trompe. C'est pourquoi il faut d'abord l'affronter.

12. *Kòmbá kàyí*
//Le farouche /tombe//
- Que le plus farouche tombe
- Que le plus farouche meurt d'abord
- Cassons d'abord le plus farouche d'entre eux

Le proverbe *kòmbá kàyí* laisse sous-entendre que l'adversaire ou l'ennemi le plus farouche soit fauché (par nous).

C'est un testament de guerre que les guerriers laissent avant d'aller affronter l'ennemi. Ils se disent, nous allons à la guerre, mais les plus farouches parmi les ennemis doivent tomber avant de nous retirer. En d'autres termes, nous allons à la guerre avec la détermination de la gagner, quelle que soit la force de l'ennemi.

13. *Bă niká bă ɫàPēndò*
//Piège(corde)/noircir/d'abord/piège/prendre/proie/ensuite//
- Quand le piège devient noir, c'est alors qu'il prend sa proie
- La patience paie

Le Logo emploie le proverbe *bă niká bă ɫàpēndò* pour dire : quand le piège devient noir, c'est alors qu'il prend sa proie. Ce qui peut aussi être rendu par : la patience paie.

14. *Màɫègà tà kènzwà bɛ ?*
//Vieux/dire/mensonge/existe//
- Les vieux ne mentent pas
- Les vieux disent toujours la vérité
- Les vieux symbolisent la vérité (l'honnêteté)

Chez les Logo, les vieux symbolisent la sagesse. En tant que référence de la vérité, on ne peut comprendre qu'un vieux mente.
C'est pourquoi, les jeunes acceptent comme vrai ce qui est dit par un vieux. La sagesse est donc liée à l'âge, c'est-à-dire à l'expérience. On considère dans la société logo qu'un homme âgé possède suffisamment d'expériences qu'il doit partager avec les plus jeunes.
Ce proverbe est souvent brandi lorsqu'un jeune averti au préalable est ensuite pris dans son propre piège. Ce qui veut alors dire : *tu as été averti, tu n'as pas cru au vieux… te voilà dans ton piège.* Comme pour dire : *Un homme averti en vaut deux.*

15. *Yòkò ápɛ kìbí Pē*
//Beau-frère/miel/emballage/être//
- Le beau-frère est l'emballage du miel
- Le beau-frère est un transporteur des œufs

Les Logo conservent le miel en l'emballant dans des feuilles. Après avoir mangé le miel, on jette les feuilles. Mais, sous l'effet du soleil ardent, les feuilles donnent de nouveau l'impression qu'il y a encore du miel. Ainsi, l'on est souvent tenté de reprendre les feuilles pour continuer à lécher le miel.

Ils se disent aussi que l'emballage qui protège le miel doit être soigneusement gardé, de peur qu'elle ne se troue et que le miel se déverse.

Voilà l'image que le Logo a du beau-frère. Autrement dit, les relations avec le beau-frère sont souvent basées sur les conflits d'intérêts. Lorsque le couple tient bien, tout va bien avec le beau-frère. Quand il y a de problème au sein du couple, le beau-frère prend une position contraire, les relations se gâchent. Mais, en fin de compte, on arrive toujours à arrondir les angles ; donc, à rétablir les bonnes relations. C'est pourquoi, il faut savoir ménager le beau-frère, car, on ne sait jamais !

D'autre part, le beau-frère est vu comme le protecteur du miel, si l'emballage se troue, le miel s'en va ! C'est pourquoi il faut tout faire, pour que le miel ne se déverser pas. Ce qui veut dire que lorsque le beau-frère n'est pas bien traité cela peut faire capoter le mariage. C'est pourquoi on doit le soigner comme l'emballage du miel, de peur que l'épouse ne s'en aille. L'épouse représente le miel qu'on ne doit pas perdre.

16. *Kòngó ryángá Pē*
//Montagne/écureuil/être//
- C'est un écureuil de montagne
- Que l'apparence ne trompe pas
- L'habit ne fait pas le moine

Dans la société logo, on s'accorde pour dire que les écureuils de montagne sont de petite taille par rapport à ceux de la vallée.

Ainsi, comparer quelqu'un à un écureuil de montagne est péjoratif, car cela veut dire *que sa petite taille ne vous trompe pas, c'est un vieillard.*

Par exemple : *tòkwá ndã kòngó ryángá Pē*
//femme/en question/montagne/écureuil/être//
- Malgré sa petite taille, la femme en question est une adulte (une vieillotte).

17. *Médà mērè*
//Tu/déverser/toi/calmement//
- Sois calme
- Sois patient
- Ne t'en fais pas.

Le proverbe *médà mērè* n'appelle pas, à nos yeux, de commentaire. Voilà pourquoi nous abordons le dix-huitième proverbe retenu.

18. *Má mvūrū wá*
    //Je/boire/me/boisson//
    - Je me suis bu dans la boisson
    - Un soûlard

Lorsqu'on dit de quelqu'un : *ákódé má mvu ruwá Pē*, cela veut dire : c'est un soûlard//il est un soûlard.

C'est un proverbe péjoratif et quelqu'un qui est traité de cette manière est un marginal.

19. *Kònyā márúPē*
    //Il/manger/je /sur/être//
    - Qu'il mange à ma charge
    - C'est un parasite

Il s'agit aussi d'une expression péjorative utilisée pour disqualifier des personnes qui ne fournissent aucun effort dans la société et qui veulent toujours dépendre des autres.

20. *Kònzyá ménā Pē*
    //Mauvais/le vôtre/être//
    - Qu'il soit mauvais, il est le vôtre (votre frère)
    - Ne renie pas ton frère parce qu'il a des défauts

C'est une expression moralisante qui insiste sur le fait qu'on ne doit pas renier son frère même s'il est handicapé, borgne, sorcier, laid, parce qu'on partage le même sang. S'il faut lui venir en aide, il faut le faire. C'est une valeur morale logo.

21. *Óré nē vò kàgàmáPē*
    //Esprit/blan+poss/place/vent//être//

C'est un proverbe contenant des images compliquées qui méritent d'être expliquées étape par étape.

- *Óré* : en lògòtī, c'est le terme qui signifie *esprit*. Quand l'homme blanc a mis pied sur le sol logo, on l'a dénommé *óré* ou *tóré*. Dans cette expression, il s'agit bien du blanc européen qu'on parle.
- *Órénēvò* // l'esprit +poss/pays // le pays du blanc. Mais ici, on veut parler de la *ville* ou *milieu urbain* où les blancs se sont installés en Afrique.
- *KàgùmáPē* // c'est le vent. Comment la ville peut-elle être le vent ? Non, il s'agit d'une image selon laquelle *la vie en ville ressemble à une tempête,* car, si elle te balaie, tu tombes. Là encore, il s'agit d'une image complexe. Les villageois estiment que leurs frères qui vivent en ville mènent une vie incertaine parce qu'ils ne dépendent que de leur salaire. Dès qu'ils perdent ce salaire, ils tombent et leur vie est gâchée. C'est comme une tempête qui balaye un village. Après la tempête on ne retrouve plus rien ! Ainsi, nous pouvons résumer ce proverbe de la manière ci-après : *la vie en Ville est incertaine*. Les villageois pensent cela parce que selon eux, il y a plusieurs ressources au village et un villageois ne dépend que de lui. S'il est un bon travailleur, il mène une vie meilleure par rapport à un citadin qui dépend d'une seule source, le salaire, géré par autrui. Le villageois est autonome, le citadin dépend d'autrui. Le jour où la tempête le balaye, il regagne son village pour reprendre la vie à zéro, alors que le villageois reste constant dans son mode de vie.

5.3. Catégorisation des proverbes et expressions idiomatiques

Deux catégories de proverbes et expressions idiomatiques ont été retenues. Les *proverbes et expressions idiomatiques à messages universels*, d'une part et les *proverbes et expressions idiomatiques à messages locaux*, d'autre part. Les premiers sont ceux dont les correspondants et les équivalents existent dans les autres langues (cultures), telles que le Français, l'Anglais, le Swahili ou le Lingala. Les seconds sont ceux qui n'ont ni correspondants ni équivalents dans d'autres langues (cultures). Cette dernière catégorie véhicule des messages adaptés aux réalités géoculturelles logo. Les proverbes et expressions idiomatiques Logo seront présentés dans un tableau à deux colonnes. La première colonne reprend les proverbes à messages universels, et la deuxième, les proverbes et expressions idiomatiques à messages locaux, en gardant leurs numérotations initiales. Dans la première catégorie, on retrouve les proverbes et expressions idiomatiques n° 8, 9, 10, 13, 16, 17, 18 alors que dans la deuxième catégorie il y a les proverbes et expressions idiomatiques n°1, 2, 3, 4, 5, 6, 7, 11, 12, 14, 15, 20, et 21. La première catégorie totalise 42%, alors que la 2ᵉ fait 58% de l'ensemble.

Proverbes à messages universels	Proverbes à messages locaux
8. Gbòròbàlɛ àndé àndé	*1. Àdrùpì ngá àgáPē*
• Chacun a son style	• Il n'y a rien qui vaut plus que la fraternité
• Chacun à son style	*2. Kàl̀òmà ngá kònzèPe*
• Chacun suivant ses capacités	• Il faut éviter de vivre seul
• Il ne faut pas imiter les autres	• Il faut éviter la solitude
• Chacun a son goût	*3. Àdrá l̀àgàsɛ*
9. Tàtrē trɛ sɛ àsɛ zã fwà	• Pour échapper au regard de la belle-mère
• Celui que tremble se sert de l'os qui tremble se sert mal	*4. Mànìkõ mà nyã*
• Qui tremble se sert mal	• Que nous sachions de quoi il s'agit ou pas, nous mangeons.
10. Kànzá kànzyá sù líyá (nã)	• Rien ne sert de choisir ce qu'il faut manger
• Chacun à son style	*5. Àkàràkà lèdré*
• Chacun à ses méthodes	• Pot destiné à cuire la viande interdite aux femmes.
13. Bǎ míka bǎ lãPè ndò	*6. Má nyã mányãmányã nyã nyà lényásɛ*
• La patience paie	• Moi, j'ai l'habitude de manger la viande de varan accompagnée de la pâte de mil
16. Kòngó ryángáPē	*7. Nyàsá bókɛ làlé ònzé*
• Que l'apparence ne trompe pas	• Mieux vaut manger que d'affronter des problèmes
• L'habit ne fait pas le moine	*11. Àgòzyá màngùPe ?*
17. Médà mē rè	• Pourquoi craindre l'adversaire avant de l'affronter ?
• Sois calme	*12. Kòmbá kàyí*
• Sois patient	• Que le plus farouche (des adversaires ou ennemis) tombe !
• Ne t'en fais pas	*14. Mòlègõ tà kɛ̃nzwà bɛ ?*
18. Má mvu ru wáPē	• Les vieux ne montent jamais
C'est un soûlard	• Les vieux disent toujours la vérité
19. Kònyà má ruPē	*15. Yòkòápɛ kibíPē*
• C'est un parasite	• Le beau-frère est l'emballage du miel
	• Bokilo azali momemi like
	20. Kònzyá ménãPē
	• Ne renie pas ton frère parce qu'il a des défauts (physiques ou moraux)
	21. Oré nē vò kàgùmáPē
	• La vie en ville est incertaine,
	• La vie en ville n'a pas de garantie

5.4. Chansons relatives à la vie conjugale

5.4.1. Préliminaire

Comme mentionné ci-dessus, ces chansons ont été retenues à cause de leurs contenus focalisés sur la vie conjugale. Elles seront présentées avec leurs traductions mot à mot, ainsi que le premier jet de la traduction littéraire, suivant les thèmes abordés par chaque chanson afin de bien comprendre et interpréter le message qu'il véhicule.

Mais avant de nous atteler à présenter et analyser les matériaux en présence, posons-nous nous d'abord la question de savoir qu'est-ce qu'une chanson ? A quoi sert-elle ?

Selon le Dictionnaire Encyclopédique[32], la *chanson* est une petite composition chantée, texte mis en musique, divisé en strophes ou couplets, avec ou sans refrain.

En effet, dans la langue Logo, il en est de même. Il s'agit donc des petites compositions orales, chantées et divisées en couplets, tantôt avec refrain, tantôt sans refrain, mises en musique. Faisant appel à la musique, c'est-à-dire aux instruments produisant les sons ou orchestrant la petite composition orale, la technologie logo lui a offert les instruments de musique ci-après :

kùðĭ

Cet instrument de musique est constitué d'une carapace de tortue, recouvert de la peau d'animal et comprenant six fils représentant les notes de la musique. Comment avaient-ils découvert qu'il existait plusieurs notes de la musique ? Voilà la question.

Outre le *kùðĭ*, les Logo ont le comme *kángá*, l'équivalent de la trompette en français, comme instrument de musique. Le *kángá* a sept notes également, représentant les sept notes de la musique.

---

[32] Dictionnaire Encyclopédique, *Op. cit.*, p. 328.

Voici comment le *kángá* se présente :

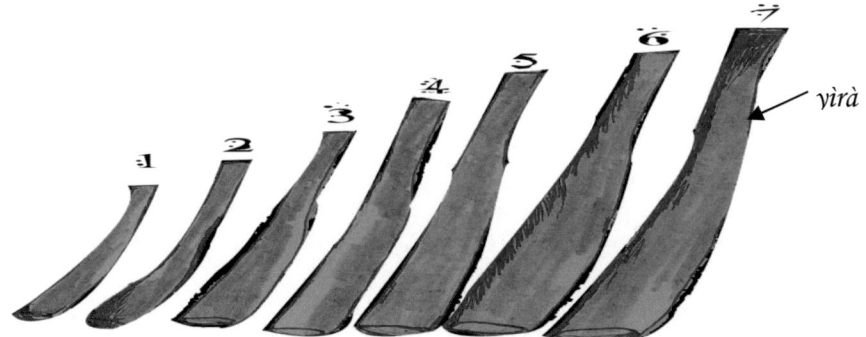

Ces instruments sont fabriqués avec des calebasses spéciales qui prennent ces différentes formes :

01. *Làrí*

Il s'agit de tam-tam. Il y a 4 types de tam tam

lárífɛ = bâtons pour battre le tam-tam

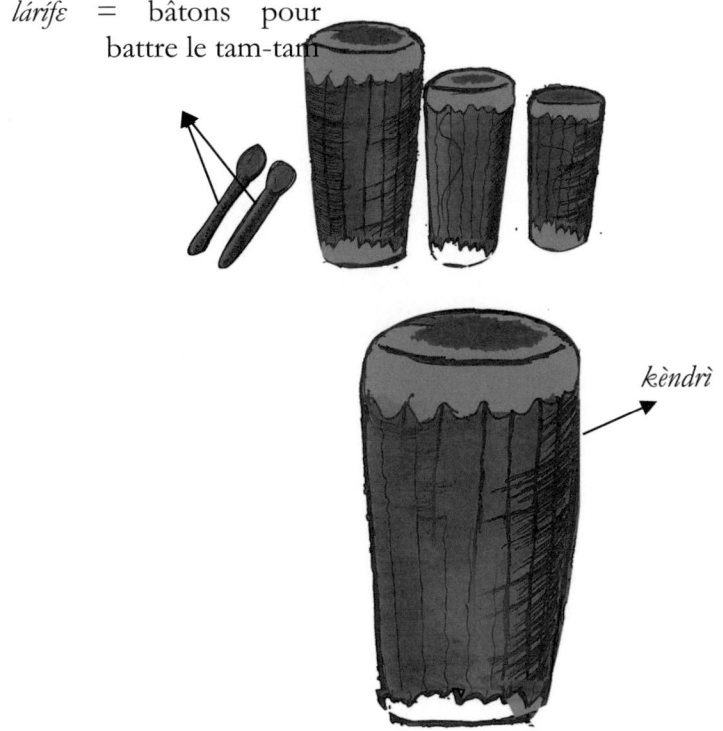

Ces tam-tams sont fabriqués avec des troncs d'arbres creusés et couverts de peau d'antilopes. Les petits tam-tams (1, 2, 3) sont généralement superposés lorsqu'on joue. Le batteur utilise deux bâtons pour jouer. Le gros est joué à la main.

02. *Gbákátá*

Gbákátá est une pièce métallique placée sur deux pieds et frappée de manière rythmique avec deux bâtons.

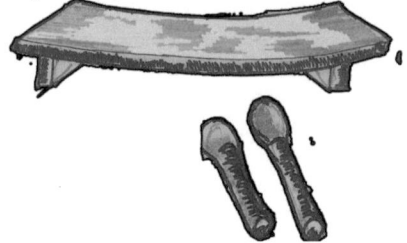

03. *Àlìbìrì*

Àlìèìrì est une calebasse entière avec deux trous, un pour souffler et l'autre pour dégager l'air. Il sert à accompagner le *kùdí* (cf. instrument n°1).

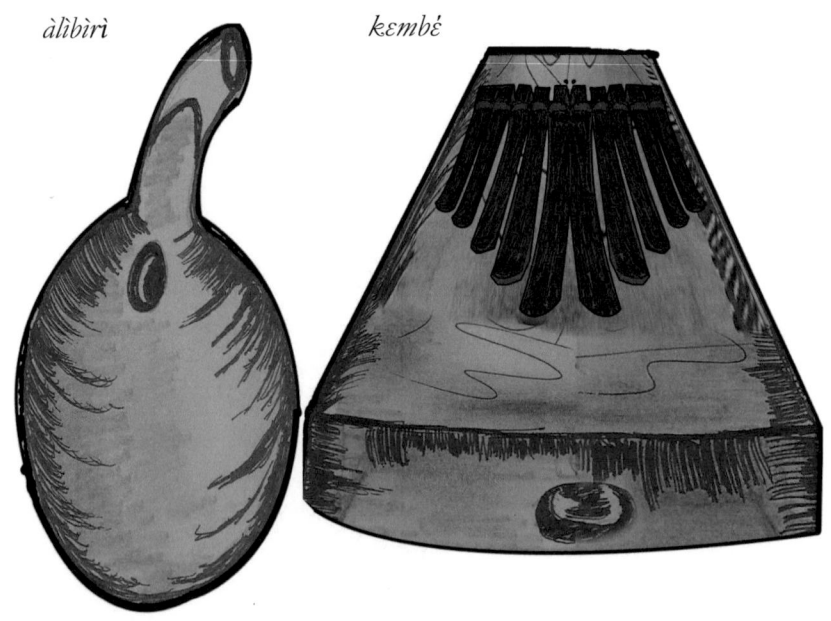

àlìbìrì   *kɛmbé*

Ces instruments se complètent de la manière suivante :

Le *kùôí* peut être joué concomitamment avec le *gbákátá*. Les *kángá* se jouent concomitamment avec les *ℓàrí* et le *gbákátá*.

Quelques fois on joue les *ℓàrí* sans les *kángá* (trompètes) surtout quand les spécialistes ne sont pas là.

Le *KɛmbƐ* se joue sans accompagnement d'un autre instrument. L'utilisation de ces instruments est une affaire d'initiés. Pour les trompettes par exemple, le spécialiste de la note n°1 ne peut être remplacé que par celui qui est initié à cette note. Le joueur de petits tam-tams ne peut être remplacé que par celui qui est initié à cela et ainsi de suite.

5.4.2. A quoi servent les chansons (*lòngó* en logoti) ?

Ces petits textes chantés contiennent souvent un message transmis à la société. Ils constituent parfois une interpellation, une lamentation, une plainte, une correction de la société, une dénonciation, une glorification…

C'est pourquoi on distingue plusieurs sortes de chansons suivant les thèmes qu'ils traitent. On parlera par exemple de chansons d'amour, des chansons de gloire (pendant la guerre), des chansons de morts, etc.

Chez les Logo, il existe aussi des chansons de morts (*àwó làngó*), des chansons d'amusement, des chansons pour bercer les bébés, etc.

Dans ce travail, nous avons choisi de parler des chansons ayant trait à la vie conjugale, c'est-à-dire, des chansons qui évoquent la vie de l'homme et de la femme au foyer et au sein du clan.

Le souci est celui de voir ce que peuvent faire ce type de chansons au ngsein du foyer ou du clan qui constituent les structures de base de la vie communautaire chez les Logo.

Tout en menant sa vie au sein du clan à travers les différentes activités de l'homme et de la femme telles que décrites ci-dessus, l'homme et la femme sont observés par la société et les plus malins trouvent les voies et moyens pour dénoncer ce qui ne répond pas aux attentes de la société.

Les chansons constituent l'un des moyens les plus efficaces de le faire. De manière impersonnelle, l'on exprime une réalité dans laquelle la personne ou (les personnes) concernée (s) se dévoile(nt). Ainsi, n'ayant plus la conscience tranquille, elle peut s'amender sans que la société n'exerce une pression sur elle. La chanson constitue dans ce cas une leçon mise à la disposition de quiconque veut en tirer profit.

Les mots utilisés dans une chanson peuvent blesser, tout comme ils peuvent atténuer une situation, mais ils sont là, adressés à celui qui veut en saisir le sens réel pour s'en servir. De toutes les façons, ils n'ont pas été choisis au hasard par le compositeur, c'est pour qu'ils agissent dans le sens voulu. Voilà pourquoi les chansons existent. Elles relatent la vie et le comportement de l'homme et de la femme dans la société, en interpellant chacun à se regarder dans le miroir afin qu'ils prennent conscience de leurs défauts pour qu'ils les corrigent.

5.4.3. Présentation des matériaux

Ces chansons ont été recueillies au cours de nos nombreuses enquêtes menées sur la langue logo il y a plusieurs années. Mais, en 2012, l'occasion nous a encore été donnée de nous retrouver sur le terrain pour revérifier les données sous examen.

Sur le plan méthodologique, elles seront présentées dans l'ordre dans lequel elles ont été recueillies, accompagnées de leurs traductions littérales d'abord et, ensuite, seront données les traductions littéraires de premier jet comme le soutient Isabelle Perrin[33] et enfin, après analyse, la dernière version sera coulée pour une bonne compréhension du lecteur. Nous analyserons subséquemment la thématique de chacune d'elles afin de relever les leçons à tirer.

D'une manière générale, les chansons logo sont des textes très courts, mais chantés de manière rythmique et cadencée, car la danse qui accompagne est très cadencée.

Chanson n° 1

Première version :

S/ *Kàlònà ngà ménā dē*
   Áró líyà wò
   Mé ãmé ngõ kālónā yà (x2)
R/ *Za kálányá kènè àngyà*
   Mé sè cà fɛlɛkònāyē dré
   Kònàyē kònyā tsà tsà
   Mé ámē ngō kōlámā yà (2x)

---

[33] I. PERRIN, *L'anglais : comment traduire ?*, Quai de Grenelle, Paris Cedex 15, 2000, p. 208.

Deuxième version

S/ *Kàlòmà ngã ménã ðē*
    Ágó lɛyá wò
    Né ámē ngō kālómā yà (x2) ?
R/ *Za kálányá kēné àngyá*
    Mé sè tsà fɛfɛlɛkònāyē dré
    Kònāyē Kònyá tsà
    Mé āmē ngō kālómã yà (x2)

Chanson n° 2

S/ *Dèrèmà sè mé kòrō ngá kō*
    Àdó médré mvágó nēāndrɛ kòdyā
    Ādóɬɛ́ɬàtí tōdā médré yà (x2)
R/ *dèrèmàlíyă*
    Oh (2X)
    Mé àgwá lɛ mā kō màkāyí ébè (x2)

Chanson n° 3

Première version

S/ *Ágó màɬègā mánā*
    Mé kāyí tsà mé ɬàró wà yà (x2)
R/ *Akàdó pàɬàngá nà mbúkà*
    Ákònyā kódókódó sɛ́kō (x2)

Deuxième version

S/ *Ágó oh : àgo oh ! ágó oh ! ágó ndā àɬōmé yà* (x2)
R/ *Àkàdópàlàngà nà mbúkà*
    Àkònyā kódókódó sɛ́ kō (x2)

Chanson n° 4

S/ *Kèzè máɬáwúɬā Pè tséngà silɛ́*
    Tòkwá nyā ākéɬɛ drɛ yà (x2)
R/ *Tòkwá jàràbù ɬēdré jóɬɛ dè*
    Āla áyēmi àgónzà tēnē (x2)

Chanson n° 5

Bòlìngò méārézó ámēāfwà tòkwá ndā sɛdē
Tòkwà ndā nē kòdò nāàdà mbòmbó Pēyà (x2)

Chanson n° 6

Wànzà vénā kpɛkpɛlɛ́ (x2)
Kàyómā tà wăl ū
Àdúmā tà wăl ū

Traduction des chansons (Premier jet)

Chanson n°1 : Traduction littéraire :

S/ *Kàlònà ngà ménã dē*
//solitude/chose/votre/ en question//
Áró líyà wò
//fraternité/propriétaire/exclamation//
Mé ãmé ngõ kãlónã yà (x2)
//vous/vous/pleurer/seul/exclamation//
R/ *Za kálányá kènè àngyà*
//viande/claire/goûter/rien//
Mé sè srà fɛfɛlɛ kònãyē dré
//vous /couper/peu/pour/ceux-là//pour//
Kònàyē kònyã tsà
//ceux- là/manger/peu /peu//
Méámē ngõ kõlámã yà (2x)
//vous /vous/pleure/seul/exclamation avec point d'interrogation

01. Traduction littéraire : premier jet de la première version

S/ *Kàlòmà ngã ménã dē*
Vôtre repas de solitaire là
Áró lɛyá wò
Vous qui avez des frères !
Né ámē ngõ kãlómã yà (x2) ?
Allez-vous vous pleurer seul ?

R) *Za kálányá kē né àngyá*
   Méfiez-vous de la viande succulente
   Mé sè tsà fɛlɛ kònãyē dré
   Partagez-la peu à peu avec les autres
   Kònãyē Kònyã tsà tsà
   Afin qu'ils mangent un peu
   Mé ãmē ngõ kãlómã yà (x2)
Puisque vous ne saurez vous pleurer seul.

La même chanson peut aussi être chantée d'une autre manière lorsque les co-épouses s'entr'attaquent au sujet de leur époux.

Ainsi, la partie *áró líyá wò* est simplement remplacée *parágó líyá wò*.

On aura alors la version suivante :

S/ *Kàlàmà ngá ménā dē*
   //Votre/chose/votre/ en question//
   Ágó ɬíyá wò
   // homme/propriétaire /exclamation
   Mé ámēngō kãɬómã yà
   //vous/vous/pleure/seul//exclamation//
R) *Zǎ káɬányá kēné àngyá*
   //Viande/chaire/goûter/pour rien//
   Mé sè tsà fɛ̄lɛ kōnãyē drè
   //Vous/couper/peu/ à donner/ ceux-là/pour//
   Kōnãyē kōnyã tsà tsà
   //Ceux-là/manger/peu/peu//
   Mé ámē ngō kãɬómā yà
   //Vous/vous/pleure/seul/exclamation//

1. Traduction littéraire : premier jet de la 2ème version

S/ *Kàlàmà ngá ménā dē*
   Votre repas solitaire là
   Ágó ɬíyá wò
   Détentrice de l'époux
   Mé ámēngō kãɬómā yà (x2)
   Allez-vous vous pleurer seule ?

R) *Ză kaɫányá kēné àngyá*
   Méfiez-vous de la viande succulente
   Mé sè tsè fɛ́lɛ kōnāyē dré
   Partagez peu à peu avec les autres
   Kōnāyē kōnyā tsà tsà
   Afin qu'ils mangent un peu
   Mé ámēngō kaɫómā yà (2)
   Puisque vous ne saurez vous pleurer seule

Chanson n°2

01. Traduction littérale

S/ *Dèrèmà sè mé kòrō ngá kō*
   //jalousie/pour/vous/ avoir peu/ chose/pas//
   Àdó médrɛ mvágó nē āndrɛ kòdyā
   //apporter /vous /pour/garçon/poss/mère/cela//
   Ādóɫɛ́ ɫàtí tōdā médré yà (x2)
   //en train de /jumeaux/déverser/vous/pour/exclamation//
R) *Dèrèmàlíyă*
   //jalousie/propriétaire//
   //exclamation//Oh (2X)
   Mé àgwá lɛ mā kō màkāyí ébè (x2)
   //votre/époux/aimer/moi/pas/nous/dormir/avec lui//

02. Traduction littéraire : premier jet

S/ *Dèrèmà sɛ mé kōrō ngá kō*
   N'ayez pas peur de la jalousie
   Ado médrè mvago né andré kodyà
   Qu'on vous offre une mère des garçons
   Adolé ɫàti toda médré yà (x2)
   Qui ne déverse que des jumeaux
R/ *Dèrèmà ɫíyá*
   La jalousie
   Oh ! (x2)
   Exclamation
   Mé àgwá lɛ mā kō màkāyí ébè (x2)
   Votre mari n'aime jamais coucher avec moi

Chanson n°3

01. Traduction littérale : 1ère version

S/ *Ágó màlègā máná*
   //homme/adulte/à moi//
   Mé kāyí tsà mé làró wà yà (x2)
   //vous /dormir/peu/vous/réveiller/exclamation//
R) *Akàdó pàlàngá nà mbúkà*
   //on être /jeune/du village//
   Àkònyā kódókódó sékō (x2)
   //on manger/précipitation/avec/pas //

01. Traduction littérale : 2ᵉ version

La deuxième version de cette chanson est la suivante :
S/ *Ágó oh : àgo oh ! ágó oh! ágó ndā àlōmé yà* (x2)
   //Homme/exo/homme/exo/homme/en question/seul/vous/escl//
R) *Ákàdó pàlàngà nà mbúkà*
   //On être/jeune/du village//
   Àkònyā kódókódó sɛ́ kō (x2)
   //On/manger/précipitation/avec/pas

02. Traduction littéraire : premier jet de la 1ère version

S/ *Ágó màlèga máná*
   Mon cher, mon gars, mon type
   Mékàyí tsà mé làró wà yà (x2)
   //Ne t'endors pas trop profondément//ou Si tu dors un peu, Réveille-toi par la suite//
R/ *Akádó pàlàngá nà mbúkà*
   //En tant que jeune du village//
   Akonya kadokodo sè ko (x2)
   //Qu'on ne soit pas pressé//

03. Traduction littéraire : Deuxième version, premier jet

Ágó oh ágó oh ágó ndā àlōméyà (x2)
Êtes-vous le seul homme ?
R/ Idem

Chanson n°4

01. Traduction littérale :

S/ *Kèzè mállāwú lāPè tsèngà silé*
   Sanglier/géant/attrapé/filet/dans
   Tòkwá nyā ākélɛ drɛ yà (x2)
   Femme/manger/terminer/déjà/exclamation
R/ *Tòkwá jàràbù lēdré jólɛ dè*
   Femme/cupide/asseoir/maison féroce/comme
   Āla áyēmi àgónzà tēnē (x2)
   Tourner /ses /yeux/animal féroce/comme

02. Traduction littéraire : premier jet

S/ *Kèzè mállāwú lāPè tsèngà sílɛ*
   //un gros sanglier a été pris au piège//
   Tókwà nyā ākélɛ́ drɛ yà (x2)
   //Mais bouffé entièrement par la bonne dame//
R) *Tókwà jàràbù lèré jólɛ́ dè*
   //La cupide dame est là dans la maison//
   Ālà áyèmì ágónzà tēnē (x2)
   //Jetant le regard comme une bête féroce //

Chanson n°5

01. Traduction littérale

Bòlìngò méārézó ámē āfwà tòkwá ndā sɛdē
//amant/vous/en train de/vous/réjouir/femme/en question/de//
Tòkwà ndā nē kòdò nā àdà mbòmbó Pēyà (x2)
//femme/en question/poss+bas
ventre/dans/déverser/sucre/être/exclamatif//

02. Traduction littéraire : premier jet

Bòɭìngò mé ārézó ámē āfwà tòkwá ndā sɛdē
Chéri, tu te réjouis de cette femme
Tòkwà ndā nē kòdò nā àdà mbòmbó Pēyà (x2)
A-t-on déversé du sucre dans son machin

Dans la chanson 5, pour besoin de modernité, les mots suivants ont été remplacés par deux termes bangala *Wànzà* = *bòɭìngò* et *Búrá* = *mbòmbó*.

Chanson n°6

01. Traduction littérale

Wànzà vénā kpɛkpɛɭɛ́ (x2)
//épouse/chez tout/ vidé//
Kàyómā tà wăɭū
//a la première/dire/rien//
Àdúmā tà wăɭū
//la dernière/dire/rien//

02. Traduction littéraire : premier jet

Wànzà vénā kpɛkpɛɭɛ́ (x2)
//plus rien chez les épouses//
Kàyómā tà wăɭū
//la première dit qu'il n'y a rien//
Àdúmā tà wăɭū
//la dernière dit qu'il n'y a rien//

5.5. Analyse des contenus des chansons

C'est ici que nous allons découvrir ce que les chansons portent en elles-mêmes. En d'autres termes, quels messages découlent des chansons choisies ?

Une analyse profonde de chacune de ces chansons nous aidera à répondre à cette question, cas par cas.

Qui composent les chansons dans la communauté logo ? Qui sont les premiers à les chanter ?

La réponse à ces questions ne viendra pas spontanément lorsqu'on interroge un logo. L'on sait au moins que la société logo ne dispose pas de griots comme ailleurs. Par griots nous entendons des familles entières dont le rôle est de composer des chansons et de les chanter dans la cour du roi. Cela des générations à générations.

Par contre, chez les Logo, il existe des hommes et des femmes dont le talent musical n'est pas à redouter. Ce sont eux qui, de façon spontanée et inattendue, observent la société et relèvent les défauts ou les qualités, pour les rendre par des chansons. Une fois produites, la société se les approprie et les perpétue à diverses occasions à l'attention de toute la communauté comme chansons de mort, de joie, de guerre ou autres, selon les circonstances. C'est là où la communauté s'impose sur les individus lorsqu'elle adopte ces chansons.

Dans ce chapitre, nous allons décortiquer chaque chanson pour dégager les messages qu'elles contiennent afin de savoir à qui ils sont adressés et qu'est-ce qu'ils font au sein d'une société.

Pour des raisons pratiques, seules les versions littéraires seront reprises entièrement dans les analyses, même si quelquefois, on peut reprendre des passages des textes originaux pour illustration.

Chansons n°1

Première version

> S/ Votre repas de solitaire là
>   Vous qui avez des frères !
>   Allez-vous vous pleurer seule (x2)
>   R) Méfiez-vous de la viande succulente
>   Partagez-la peu à peu avec les autres
>   Afin qu'ils mangent eux aussi
>   Puisque vous ne saurez vous pleurer seul (x2)

01. Les idées-forces du texte

- Repas solitaire (cupidité)
- Fraternité avec quelqu'un (cohésion de la communauté)
- Pleurer quelqu'un (compassion au malheur de quelqu'un)
- Le partage avec les autres (l'amour du prochain)
- L'impossibilité de se pleurer seul (on a toujours besoin des autres)

La dénonciation des faits commence par le fait de constater qu'il y a un frère (un membre de famille) qui a l'habitude de manger toujours seul.

Or, dans la société logo, cela est considéré comme un signe d'avarice, de cupidité et d'égoïsme. Un homme qui se comporte de cette manière doit être dénoncé et interpellé afin qu'il apprenne à partager avec les autres.

Quand on est frères (ou sœurs), on doit le prouver par l'esprit de partager étant entendu qu'en cas de problème, on n'a recours qu'à son frère (ou à sa sœur). C'est cela la fraternité.

Chez les Logo, quand la mort d'un homme attire beaucoup de gens qui viennent le pleurer, c'est un signe qu'il fut un bon dans sa famille, et dans son clan.

Or, pour montrer que quelqu'un est bon, ce sont les autres qui apprécient. On ne peut pas se déclarer soi-même bon. Tout comme on ne peut se tirer d'affaire seul si on est devant des difficultés : cas de maladie. Dans ce cas-là, on a besoin des autres. C'est pourquoi, il faut partager ce qu'on a avec les autres, avant qu'il ne soit tard. Celui qui ne partage pas avec ses frères ne mérite pas d'assistance en cas de difficultés, car il préfère vivre en dehors de la communauté. C'est pourquoi, la communauté lui démontre l'impassibilité de se pleurer seul. Quand on est mort, on n'agit plus, il n'y a que les autres, ceux-là avec lesquels vous avez partagé de votre vivant, qui peuvent parler et agir pour votre compte.

Cette chanson prévient un égoïste du danger qui le guette s'il n'apprend pas à partager avec les autres. Elle constitue en même temps une leçon à toute la communauté en ce qui concerne le danger qui guette un égoïste, un cupide ou un avare. La solitude ne paie pas, au contraire, elle éloigne l'homme de la société et le plonge dans l'abîme.

02. Fondements philosophiques

Dans la société logo, le repas est l'élément fondamental qui consolide le lien familial. C'est autour du repas que les membres de la famille et du clan se retrouvent chaque jour pour échanger des idées, se concerter ou résoudre leurs problèmes quotidiens. Celui qui ne s'associe pas à ces repas pris ensemble s'écarte de la société et il perd même le sens de fraternité. Celui qui vous donne à manger est votre frère, car il vous sauve la vie. C'est un signe de fraternité et de solidarité. Le logo est attaché à la vie communautaire. Ils mangent ensemble, ils travaillent le champ ensemble, ils vont à la chasse en groupe, etc.

Pour sécuriser et sauvegarder cette vie communautaire et la solidarité familiale, ils prônent :
- Le rejet catégorique de l'égoïsme, de la cupidité et de l'avarice,
- L'esprit de partage,
- L'effort à l'unité et à la solidarité.

Tout ce qui s'oppose à cela est combattu. Après cette analyse, la dernière version donnée à cette chanson pourrait être la suivante :

S/ En mangeant seul
    Vous qui avez des frères
    Croyez-vous vous tirer d'affaire ?
R) Quel que soit le goût de la viande
    Il vaut mieux la partager peu à peu avec les autres
    Afin qu'ils en mangent aussi
    C'est alors que vous vous en sortirez mieux : (2x)

La deuxième version

Cette version diffère de la première par le seul élément introduit au deuxième verset. Au lieu de dire *áró ĺíyá wò*, on a introduit *ágó ĺíyá wò*, ce qui change automatiquement le sens de ce passage et même du message global.

En introduisant cet élément, un logo comprend directement que c'est une co-épouse de quelqu'un qui veut s'approprier la chanson pour décrire sa situation personnelle.

Ainsi, de son sens originel, le message se singularise à la situation d'une personne et, la première chanson devient donc :

S/ Vôtre repas de solitaire là
    Propriétaire de l'époux
    Allez – vous vous pleurer seule ? (2x)
R/ Quel que soit le goût du repas conjugal
    Il faut le partageant avec les autres
    Afin qu'elles en mangent un peu
    Vous vous en tirerez mieux.

01. Les idées-forces de cette version

- L'existence d'un époux (injuste)
- Avec des co-épouses (dont certaines ne sont pas satisfaites)
- Dont l'une se plaint du comportement de l'une des rivales (co-épouses)
- Pour s'être accaparée de l'époux (égoïsme).
- L'idée du repas (nourriture) change à un repas conjugal (rapport sexuel).
- L'idée de fraternité change également en relation entre co-épouses.

Tel que relevé plus haut, une chanson apparaît comme un code de bonne conduite, érigé au fil du temps par la société, pour réguler les comportements de ses membres. Ici, c'est une appropriation personnelle de la chanson, pour un objectif précis, stigmatiser le comportement de l'une des co-épouses.

En effet, celle qui se plaint veut montrer à sa rivale qui s'est approprié l'époux commun que, quelle que soit la jouissance qu'elle fait de l'époux commun, elle a tout intérêt à comprendre que ce droit conjugal revient à toutes les co-épouses. Pour que les relations entre les co-épouses soient saines, ce droit conjugal doit être équitablement redistribué à toutes.

Souvent, l'une des causes des conflits dans un foyer polygamique vient de ce manque de redistribution équitable des droits conjugaux des co-épouses, entraînant parfois mort d'homme ou divorce, ou encore l'éclatement des familles comme le souligne bien Landis[34], théoricien de changement social et de la désorganisation sociale.

02. Fondements philosophiques

La femme, illettrée ou pas, connaît ses droits conjugaux. Lorsqu'elle n'en bénéficie plus, des problèmes naissent au sein du foyer. Souvent, elles ne s'expriment pas clairement, peut-être parce qu'elles ne savent pas comment le faire. Chez les Logo, l'une des voies directes pour s'exprimer s'avère être la chanson.

A quelle circonstance alors chanter pour se faire entendre ?

Il y a plusieurs occasions : pendant des cérémonies de réjouissance populaire, lorsqu'une femme a recours tout le temps à des chansons dénonçant ce genre de comportement, c'est qu'elle a des problèmes.

---

[34] J. R. LANDIS, *Op. cit.*, p. 322.

L'entourage l'écoute et certains sages peuvent se faire le devoir d'intervenir auprès de son époux.

Lors des travaux ménagers, les femmes aiment souvent chanter. Lorsqu'elles le font, généralement elles cherchent à exprimer un malaise qui règne au foyer. L'époux doit toujours être attentif à cela, et essayer de tirer les leçons lui-même avant que le scandale n'éclate au grand jour. L'époux polygyne a l'obligation de faire le tour des cabanes de chacune des co-épouses, comme convenu, ou comme imposé par la première épouse qui a le droit de gérer toutes les autres, pour éviter des problèmes.

Ce genre de conflits sont rares au sein des familles monogamiques qui existaient aussi dans la société logo. Pour éviter tout cela, l'époux a l'obligation de faire régner une justice distributive au sein de son foyer, en veillant d'arrêter les allures de la plus maligne qui tenterait de s'accaparer de lui.

Parmi les droits fondamentaux des femmes, reconnus dans la tradition, figurent d'abord le rapport sexuel, le droit de disposer de sa cabane, de posséder ses divers instruments ou ustensiles de cuisine, le droit de disposer de ses greniers, etc. Un époux qui ne réussit pas à satisfaire les droits de ses épouses crée des problèmes au foyer. Comme nous le verrons plus loin, il y a des épouses qui le revendiquent en des termes violents, notamment à travers les chansons.

L'on se souviendra que, dans les préalables avant de se marier, les Logo testent les jeunes gens. Un garçon qui est capable de se construire une cabane, de défricher ses champs, d'élever ses chèvres, bref celui qui peut se procurer tout, a droit au mariage.

C'est cela la base de tout, à laquelle il faut ajouter ses conditions physiques et biologiques, notamment sa virilité. Sans cela, il ne saura jamais donner satisfaction à son épouse ou à ses épouses. On donne beaucoup d'importance à la virilité du garçon dans la société Logo, étant donné que c'est lui qui est appelé à perpétuer la famille. Les sages vont même jusqu'à leur proposer des aphrodisiaques à base des plantes sauvages : *áwó ɫārī wá, kànzá ngàyē*…

Cela, discrètement, car c'est une affaire d'hommes, les femmes ne doivent pas en savoir quelque chose. C'est une manière de les aguerrir pour faire face aux devoirs conjugaux qui les attendent, surtout les futurs polygènes.

Voici la version finale de la deuxième version, après cette analyse.

S/ En jouissant seule de l'époux
   La propriétaire
   Croyez-vous vous en tirer seule (x2)
R) Quelle que soit la jouissance que vous en faites
   Donnez l'occasion à vos coépouses d'en jouir aussi
   De cette manière, chacun trouvera son compte (x2)

Dans les deux versions, le mot clé *ngá* qui signifie *chose*, prend les sens suivants selon le contexte.

Dans la première version, il signifie *repas, nourriture*. Cela devient clair dans le refrain, si on utilise le mot *ză* qui signifie *viande*.

Tandis que dans la deuxième version, le terme *ngá* ne pouvait être interprété que comme étant le *rapport sexuel*. Cette dénonciation de l'épouse qui s'approprie de l'époux ne peut que tourner autour de l'acte sexuel dont se plaignent les autres coépouses. Dans ce cas, *ză* (viande dans la première version), prend aussi le sens de *ngá* (rapport sexuel) dans cette version.

Dans la langue Logo, le terme *ngá* est polysémique. On peut le voir à travers les exemples ci-après :

- *Ngá Pā* = cultiver le champ
- *Ngá nyā* = manger la nourriture
- *Ngá ză* = brûler la brousse
- *Ngá tō* = danser (danse)

Il en est de même du terme *kōnā yē* qui signifie *ceux-là* (*celles-là*) sous-entendu *les coépouses* lésées dont l'une plaide leur cause commune. Laisser *celles-là* prêterait à confusion.

Chanson n°2

S/ N'ayez pas peur de la jalousie
   On vous a offert une mère des garçons
   Qui ne vous déverse que des jumeaux (x2)
R/ La jalousie ! (x2)
   Votre mari n'aime pas coucher avec moi(x2)

01. Les idées-forces du texte

- La jalousie entre coépouses
- Plainte contre l'époux qui néglige certaines d'entre elles.
- Préférence pour les garçons

Dans un foyer polygamique, une coépouse ne donne la vie qu'aux garçons et en plus, uniquement des jumeaux. Elle devient de ce fait la plus préférée des épouses. Du coup, l'une des coépouses lésées lance une attaque contre son époux en l'accusant d'être un poltron, car il a peur de la mère des jumeaux, devenue jalouse de l'époux pour s'être taillé sa belle place par le fait qu'elle n'accouche que des jumeaux.

La coépouse lésée se demande pourquoi cette scène de jalousie contre elle, alors que l'époux en question ne l'approche même plus. Alors, elle donne un conseil à son époux en lui disant de ne pas avoir peur de la jalousie des femmes, mais plutôt (sous-entendu) de traiter toutes les épouses de la même manière.

02. Fondements philosophiques

La naissance d'un garçon est un événement important au sein d'une famille Logo. Encore, s'il s'agit des jumeaux et que la femme ne donne naissance qu'aux jumeaux, elle prend de l'importance dans la famille. Tout le monde a de considération pour elle, parce que les Logo ont une grande préférence aux garçons qui sont considérés comme des piliers de la famille et du clan.

Ce sont eux qui sont appelés à conduire la famille, à la perpétuer et une femme qui contribue à les enfanter ne peut qu'avoir d'égard dans cette société. Malheureusement, cela contribue aussi à mettre mal à l'aise les autres coépouses qui se sentent alors écartées par le polygyne.

Devant pareille situation, tout dépend de la personnalité de l'époux. S'il a une forte personnalité, il peut se ressaisir devant l'interpellation des autres coépouses pour réguler son comportement et mettre tout le monde à l'aise. Sinon, c'est la désagrégation de la famille qui peut éclater : l'une ou l'autre coépouse partie, etc. Une telle situation ne favorise pas la cohésion de la famille. C'est pourquoi, les Logo la prévoient déjà en le codifiant dans une chanson afin d'attirer l'attention des polygynes.

Ce qui est bon n'existe pas seul, son contraire est toujours là ! Il est question de savoir concilier les deux pour créer l'harmonie. La femme, même si elle n'apporte pas d'enfants à la famille, reste une femme, un être humain, qui a droit à la vie et qui a ses droits tels que reconnus par la société. La société, traditionnelle soit-elle, ne la rejettera pas, mais lui reconnaîtra sa place qui ne sera pas la même que celle d'une mère des jumeaux à qui elle accorde plus d'importance. Une fois de plus, la question de la justice distributive se pose ici.

Même si la polygamie est vue comme une richesse au sein de cette société, elle n'est certes pas la seule, car la monogamie existe également. Il faut donc relativiser la considération faite aux uns et aux autres, dans le seul souci de sécuriser la société et la maintenir en équilibre.

En effet, dans la société Logo, les personnes pour lesquelles on a moins de considérations telles que le fumeur de chanvre, le célibataire en vie, le paresseux, etc., ne sont jamais excommuniées du clan. Elles sont là, traitées à leur rang, mais jamais rejetées totalement de la société.

Chacun apporte à la société ce dont il est capable, sans pouvoir constituer un obstacle aux autres. C'est l'humanité qui compte.

Ainsi, après ces analyses, voici la dernière version de la chanson n°2 :

S/ N'ayez pas peur de la jalousie
    Bien qu'on vous ait offert une mère de garçons
    Qui ne déverse que les jumeaux
R/ La jalouse
    Oh (x2)
    Votre mari n'aime plus coucher avec moi (x2)

Lorsque la coépouse lésée termine en interpellant sa rivale en la dénommant *la jalouse* et en disant : « *votre mari n'aime plus coucher avec moi* », c'est vraiment pour crier son ras-le-bol, car elle ne peut plus supporter que celle qui est gâtée s'en prenne à elle.

La première partie du texte est une sévère interpellation de l'époux à qui l'épouse lésée demande de ne pas craindre son épouse jalouse parce qu'elle ne déverse que des jumeaux, mais, sous-entendu, il doit prendre ses responsabilités et agir comme un homme, imposer sa loi et faire régner la paix dans la famille.

Chanson n° 3

S/ Mon vieux chéri
    Ne t'endors pas très profondément (x2)
R/ Entant que jeune du village
    Qu'on ne mange pas dans la précipitation (x2)

01. Les idées-forces du texte :

− Plainte d'une femme
− Dont le mari ne se réveille pas la nuit

– Elle évite la précipitation (en quoi ?)

Dans ce texte, une femme se plaint du fait que son époux dort profondément la nuit, au point d'oublier qu'il a un devoir conjugal à accomplir. C'est pourquoi elle lui conseille de dormir un peu et de se réveiller la nuit. Sinon, il sera obligé de se réveiller seulement le matin et *manger* dans la précipitation et de s'en aller. Ce qui n'arrange pas la femme.

L'on peut se demander ici *quel est ce repas que l'époux mange dans la précipitation ?* Il ne s'agit surtout pas de la nourriture ordinaire, car elle ne pouvait pas, avant de manger, demander à son mari de dormir d'abord, et ensuite manger. Il s'agit bien du repas conjugal, entendez par là le rapport sexuel.

Dans le ton du texte, on sent bien qu'il s'agit d'une femme qui tient à vivre pleinement sa sexualité, sans précipitation. Avec un homme qui ne fait que dormir, elle ne pourra jamais jouir convenablement de sa sexualité. C'est ainsi que dans la deuxième version de l'entonnement de la chanson : *ágó oh ágó oh ágó ndā àl̄ō mē yà*, littéralement //homme/homme/homme/en question/seul/toi//. Autrement dit, *monsieur, monsieur, êtes-vous le seul homme ?* Sous-entendu : *êtes-vous le seul homme que je peux aimer* » ou « *qui peut aller avec moi ?* Elle veut dire, si cela continue, elle prendra sa décision. Jusque-là, elle était encore au niveau de l'interpellation et de mise en garde de son mari.

Voilà des situations, réelles dans la vie conjugale courante, que les Logo codifient sous forme de chanson, pour prévenir des dangers qui guettent les mariés.

02. Fondements philosophiques

La femme, comme l'homme, ressent le besoin sexuel de manière naturelle. Quand cela arrive, il faut le satisfaire pour vivre à l'aise. Les Logo l'ont compris. C'est pourquoi ils prévoient. La femme ne doit pas être laissée à la seule volonté de l'homme, qui peut s'égarer, surtout au sein d'un foyer polygamique où il y a risque de négliger certaines coépouses.

N'a-t-on pas vu dans la chanson n°2 comment celles qui sont négligées se plaignent ?

Si la femme ne jouit pas de son droit sexuel, ce qui était un plaisir devient source de conflit. C'est pourquoi l'homme doit veiller à cela pour éviter des dérapages au sein du foyer. Cet exercice simple devient compliqué si l'on ne l'assume pas. Cette chanson interpelle tout homme à assumer correctement son devoir conjugal, afin d'éviter des conflits au sein du foyer et ainsi, sécuriser la société.

Quand la femme va jusqu'à s'interroger pour savoir si l'homme qu'elle aime est le seul au monde, elle peut parfois s'égarer, créant des conflits dans le foyer. Mais, le responsable de tout cela reste l'homme qui n'accomplit pas correctement son devoir conjugal. Car, s'il le fait correctement, aucune plainte ne viendra de l'épouse. Lorsque la plainte devient publique, c'est que la plaignante est dépassée et elle se livre à la société qui peut l'aider à trouver une voie de sortie.

Chanson n°4

    S/ Un gros sanglier a été pris au piège
        Et bouffé entièrement par la bonne dame (x2)
    R/ La cupide dame est là dans la maison
        Jetant le regard comme une bête féroce (x2)

01. Les idées-forces du texte

    −Une femme cupide, avare, gloutonne

    −Elle s'en fout de tout

    −Dénonciation du mari.

    −Manque d'esprit de partage chez la femme

La dénonciation du mal est le point commun chez les logo (homme comme la femme).

Voilà qu'un homme attrape un gros sanglier dans son piège, il le ramène à la maison et son épouse se met à bouffer tout, seule dans sa maison. Elle a probablement partagé avec ses enfants, si elle en a, et son mari, mais cela ne donne pas satisfaction à l'époux, car, contraire à la culture Logo, qui veut qu'en pareille circonstance, le gibier soit partagé avec les autres membres du clan, et la part de chacun préparée et présentée en public pour qu'on mange ensemble en famille. Ce qui ne fut pas le cas. C'est pourquoi l'époux s'est vu dans l'obligation de la dénoncer. Probablement, la dame devait déjà avoir posé des tels actes à maintes reprises, c'est-à-dire à cacher les meilleurs repas, à ne partager qu'avec ses enfants. Ce qui est contraire à la tradition logo qui veut que l'épouse présente en public tout repas qu'elle prépare.

Cet acte peut amener l'époux à être traité d'un avare, s'il ne le dénonce pas. C'est pourquoi, il le fait avec des termes durs, allant jusqu'à traiter son épouse d'avoir un regard d'une bête féroce.

L'adjectif *jàràbù*, utilisé pour qualifier son épouse est trop fort. Il veut dire qu'elle est difforme, désordonnée, avare et mal éduquée. Cela peut se comprendre en ce sens que l'acte posé peut entraîner la division de la famille, car il est un signe de manque de fraternité, de solidarité et de cohésion familiale. C'est donc une infraction qui doit être sévèrement sanctionnée pour que le cas ne se répète plus.

Il s'agit là d'une leçon que la femme mariée doit avoir présente à l'esprit, pour ne pas tomber dans cette erreur et d'être traitée de la cause de division au sein de la famille. La nourriture unie, lorsqu'on le prend ensemble avec les autres, et elle divise, dès lors qu'on cesse de la partager avec les autres.

02. Fondements philosophiques

Nous l'avons déjà dit en parlant de la chanson n°1. Dans la culture Logo, la nourriture est un élément de rassemblement, car, elle met ensemble les membres d'une famille ou d'un clan. Elle permet de cultiver l'esprit de partage, car c'est chaque jour qu'on peut la partager avec les autres. De ce fait, elle permet aussi de cultiver la fraternité, car celui qui vous donne à manger est votre frère parce qu'il veut vous voir en vie et en bonne santé.

Toute personne qui va à l'encontre de ce principe est considérée comme celui qui détruit la fraternité, et donc la famille. Les Logo ne disent-ils pas que *àdrùpì ngá àgá Pē*. Ce qui veut dire *qu'il n'y a rien qui dépasse la fraternité*. La *fraternité est sacrée* et nul ne peut agir pour la casser, puisqu'elle est dans le sang.

C'est l'homme (masculin) qui est le garant de la fraternité, car les liens sanguins passent par lui. Il a donc le devoir d'y veiller en tout temps et en tout lieu. Une moindre défaillance de sa part conduit la famille à la ruine. Il se doit de veiller à tout acte posé par son épouse (ou ses épouses) considérée (s) dans la famille comme des passagères.

C'est pourquoi quand une femme meurt sous le toit de son conjoint, la tradition logo veut que son corps soit rapatrié dans son clan pour y être enterré, car ils estiment que c'est la fin de sa mission conjugale. Après tout, elle appartient à sa famille qu'elle doit rejoindre pour continuer la vie de l'au-delà avec les siens.

Chanson n°5

> Chéri, tu te réjouis de la femme en question
> A-t-on déversé du sucre dans son vagin ? (x2)

01. Les idées-forces du texte

- Un mari qui se tape la poitrine à cause de l'une de ses épouses.
- L'une des épouses lésées l'interpelle et lui fait voir son erreur.

En matière de relations conjugales, il n'y a que des plaintes chez les femmes.

Ici, l'une des coépouses se plaint contre leur époux et lui fait comprendre que même s'il se tape la poitrine à cause de l'une d'elles ; celle-là n'a pas mieux que les autres. C'est-à-dire, il n'y a aucune femme qui vaut mieux que les autres. Elles sont toutes les mêmes : ce qui existe chez l'une se trouve également chez l'autre. Pourquoi se taper la poitrine pour l'une d'elles seulement ?

Elle veut prouver ici que toutes les femmes sont égales sur le plan biologique. Aucune ne possède plus d'organes féminins que l'autre. Il s'agit d'un conseil adressé aux époux qui discriminent les femmes sur le plan biologique. L'interprétation est rude, car les mots utilisés sont durs. Le terme *kòdò* qui désigne la partie du corps où se trouve le vagin a été utilisé à la place de ce dernier par pudeur. Elle voulait vraiment utiliser le terme *tàdɛ́* qui signifie *vagin*. La question de savoir si on y a déversé du sucre renforce l'attaque contre l'époux. L'image donnée à la présentation de la rivale en question montre comment l'époux est incapable de comprendre qu'il s'agit de la même chose pour laquelle il n'a pas à se taper la poitrine.

02. Fondements philosophiques

Il y a une expression Logo qui dit :
Tokwá títí ngà àℓoPē
//Femme/toute/chose/une /être//

En d'autres termes, *toutes les femmes sont les mêmes*, biologiquement et physiologiquement parlant.

Les Logo vont même loin pour dire que la beauté corporelle des femmes ne traduit pas leur bonne moralité.

Oui, pour les Logo, quelle que soit la beauté corporelle d'une femme, si sa moralité n'est pas bonne, elle ne représente rien.

Cette égalité biologique est une règle d'or chez les Logo car, pensent-ils, si l'on ne recherche que la beauté corporelle, on n'arrivera jamais à se marier.

Quant aux critères corporels de choix, ils sont accessoires et relatifs. Le plus important étant ce qui la différencie de l'homme et sa capacité de jouer son rôle de femme.

Il en est de même d'un homme. Y a-t-il un homme plus homme que les autres ? Certes non ! Qu'il existe des hommes courts, gros, maigres, blancs, noirs, géants…, c'est une autre question. La question la plus importante étant celle de savoir s'il peut jouer son rôle d'homme. Dans le cas d'espèce, assurer la procréation.

Après analyse, voici la version améliorée de la chanson ci-haut :
Chéri, pourquoi te tapes-tu la poitrine pour la femme en question ?
Quand on sait que toutes sont les mêmes ? (x2)

Chanson n°6

Plus rien chez mes épouses (x2)
La première dame dit qu'il n'y a rien
La dernière dame dit qu'il n'y a rien

01. Les idées-forces du texte

- Un époux ballotté entre les épouses
- Parce que toutes prétendent qu'il n'y a plus rien à manger
- Est-ce possible ?

Les femmes sont généralement soumises à leurs époux et leur doivent obéissance. Lorsqu'on assiste à une scène comme celle-ci où l'époux se voit ballotté entre les coépouses, c'est qu'il y a un problème. Probablement, l'époux doit s'être égaré dans une promenade douteuse, provoquant la colère de toutes ses épouses et celles-ci se seraient attendues pour faire le coup.

La première femme est d'habitude celle qui pilote le foyer, les autres lui doivent obéissance et soumission. Elles suivent ce que dit la première épouse, pour faire la volonté du mari. Par contre, la dernière épouse, souvent gâtée par le mari, peut par orgueil, prendre quelques initiatives en faveur de l'époux, sachant que celui-ci la défendra à toute circonstance. Mais si les deux, la première et la dernière épouse se coalisent pour réagir de la même manière devant leur époux, c'est que ce dernier est en faute. D'où cette raillerie à son endroit pour le sanctionner. Sanction consistant à le priver de la nourriture ce jour-là.

Dans une famille traditionnelle Logo, il n'est pas possible que toutes les deux épouses prétendent qu'il n'ait rien à manger, car si la première n'avait pas préparé à manger, probablement parce que ce n'était pas son tour, mais la dernière ou l'une des autres épouses ne pouvait pas manquer de la nourriture à donner à l'époux.

En cas d'absence ou d'un retour tardif de l'époux, la nourriture est gardée par celle qui le reçoit ce jour-là dans sa cabane, même si la nourriture n'avait pas été préparée par elle. Toutes le savent. Pourquoi alors cette réaction ? L'époux devrait avoir commis des fautes qui n'ont pas plu à ses épouses. C'est pourquoi elles l'ont sanctionné.

Bien qu'étant totalement soumises à leurs époux, les femmes ont un mot à dire lorsqu'elles constatent que l'époux a mal agi. Le mari a lui aussi, le devoir de respecter ses épouses.

02. Fondements philosophiques :

La soumission de la femme aux exigences du mari n'empêche pas la femme de résister là où elle sait qu'elle est sur une bonne voie.

Par exemple, après l'accouchement, il est connu dans la tradition Logo que l'époux doit laisser son épouse libre jusqu'à ce que le bébé commence à faire ses premiers pas. Cela pour des raisons évidentes, la santé maternelle et infantile.

Mais, les hommes les plus malins s'organisent toujours pour aller à l'encontre.

Pour se protéger, les épouses Logo se servent de leurs *cache-sexe* appelé *tàdîgú*. Il s'agit d'une étoffe d'habit bien tissé et lié solidement entre les jambes, de façon que l'époux n'arrive à la percer. L'époux peut tout faire, elle ne cédera pas, ou alors au risque de créer un scandale qui va l'éclabousser.

Cela montre que, dans une certaine mesure, la femme a un pouvoir d'autodéfense à exercer en cas de besoin. Elle peut aller jusqu'à sanctionner son mari, le déférer devant le conseil de sages.

Voici en image le *tàdìgú* = cache-sexe.

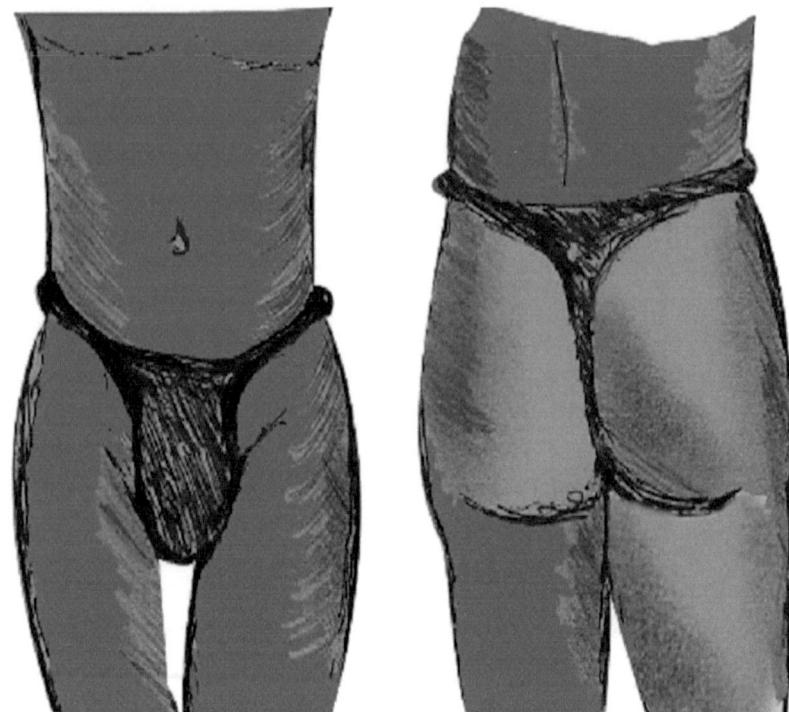

Tàdìgú = Cache sexe : devant et derrière

Au cas où la situation s'aggraverait, la femme serait en droit d'interpeller sa famille pour assurer sa protection. C'est pourquoi le mari, devant tout ce qui peut se produire dans son foyer, est conscient que si son épouse est vraiment lésée dans ses droits, la belle-famille est en face de lui pour une confrontation. D'où, l'époux est invité à toujours jouer à la modération pour ne pas avoir la belle-famille tout le temps sur le dos.

Cet équilibre de force sert aussi à réguler le comportement des hommes dans leur vie conjugale, et à stabiliser le foyer et sécuriser la société.

Voici les dernières versions des chansons choisies.

Chanson n° 1

Première version :

> S/ En mangeant seul
>   Vous qui avez des frères
>   Croyez-vous vous tirer d'affaire ?

> R/ Quel que soit le goût de la viande
> Mieux vaut partager peu à peu avec les autres
> Afin qu'ils en mangent aussi
> C'est alors que vous vous en sortirez mieux (x2)

Deuxième version :

> S/ En jouissant seule de l'époux
> La propriétaire
> Croyez-vous vous en tirer seule (x2)
> R) Quelle que soit la jouissance que vous en faites
> Donnez l'occasion à vos épouses d'en jouir aussi
> De cette manière, chacun trouvera son compte (X2)

Chanson n° 2

> S) N'ayez pas peur de la jalousie
> Parce qu'on vous a offert une mère des garçons
> Qui ne vous déverse que des jumeaux (x2)
> R/ La jalouse mère des garçons
> Oh (x2)
> Ton mari n'aime plus coucher avec moi (x2)

Chanson n° 3

Première version :

> S/ Mon vieux chéri
> Ne t'endors pas très profondément (x2)
> R/ En tant que jeune du village
> Qu'on ne mange pas dans la précipitation (x2)

Deuxième version

Cette version est celle chantée par une femme révoltée qui tient à faire remarquer à son mari que si elle n'arrive pas à jouir pleinement de sa sexualité, elle peut s'en aller.

S/ Mon chéri, Mon chéri
   Crois-tu être le seul que je peux aimer ? (x2)
R/ En tant que jeune du village
   Qu'on ne fasse pas dans la précipitation ! (x2)

Chanson n°4

S/ Un gros sanglier a été pris au piège
   Et bouffé entièrement par la bonne dame (x2)
R/ La cupide dame est là assise dans la maison,
   Jetant le regard comme une bête féroce (x2)

Chanson n°5

Chéri, pourquoi te tapes-tu la poitrine à cause de la femme en question
Quand on sait que toutes sont les mêmes ? (x2)

Chanson n°6

Plus rien chez mes épouses (x2)
La première dame dit qu'il n'y a rien
La dernière dame dit qu'il n'y a rien

Concluons : la culture d'une société tire ses origines des familles qui la composent. Oui, car la culture n'est autre chose qu'un ensemble des valeurs, des comportements, des habitudes, des us et coutumes qui fondent la spécificité de chaque société. Vus tels quels, nous venons de faire un survol des éléments culturels qui permettent désormais aux lecteurs de savoir identifier les Logo par leur façon de vivre et de se comporter dans la société.

Le plus important à retenir c'est la façon dont les Logo partagent les valeurs positives, fruits des efforts collectifs et individuels, et comment ils réprimandent tout ce qui est négatif.

Si tout va bien au sein des familles, tout ira mieux pour le clan, donc pour la société. Le chapitre que nous allons développer sous peu énonce, sans verrouiller le débat sur le sujet, une conclusion générale de notre démarche.

CHAPITRE SIXIEME

SYNTHESE

La société traditionnelle Logo a comme structure de base la famille. Chaque famille polygamique ou monogamique appartient à la plus grande structure appelée *clan*, c'est-à-dire l'ensemble des familles ayant un ancêtre commun connu ou mythique.

Ces clans ont été regroupés au hasard par le colonisateur pour constituer six collectivités tribales : *Logo Ogam bi, Logo Bagira, Logo Lolia, Logo Obeliba, Logo Doka* et *Logo Bari*. Cet ensemble occupe une grande partie de l'actuel territoire de Faradje et une partie du territoire de Watsa, Province du Haut-Uélé.

Toutes ces tribus mises ensemble constituent ce qu'on appelle l'Ethnie Logo à cause des variétés très remarquables de leurs parlers ainsi que des groupuscules culturels qui s'y sont fondus, parlant actuellement la langue Logo et pratiquant sa culture. On citerait dans ce cas les Pajulu, une partie des Mondo, les Baka, …

Au-delà de sa structure sociale, il convient de souligner que les Logo pratiquent le système matrimonial patrilinéaire rigoureux qui exigent que les racines lointaines des conjoints *dédé kómvó*, les racines de grands-mères ; soient creusées pour voir si quelque part il n'y a pas eu de relations de consanguinité, avant d'autoriser le mariage.

Cette société est battue sur des valeurs communautaires dont voici les principales caractéristiques :

- L'honnêteté
- La fraternité
- La solidarité
- L'esprit communautaire
- Et l'esprit de partage.

Toutes ces valeurs sont codifiées et véhiculées de génération à génération, entre autres, par des chansons de divers ordres. Dans ce travail, six chansons en rapport avec la vie conjugale ont été recueillies et analysées. Il s'ensuit que toutes véhiculent de codes de bonne conduite qui permettent à chaque membre de la société de s'en approprier pour l'appliquer à sa situation ou à celle de sa communauté.

Vu de cette manière, les chansons sont de véritables lois, élaborées verbalement, mais codifiées dans les chansons en vue de réguler le comportement des individus, afin de stabiliser les familles en tant que cellules de base d'une société, et de sécuriser cette dernière. Voilà des écrits mentaux, dans une société analphabète, gravés dans le cerveau et qui se perpétuent de générations en générations.

On peut, à travers ces chansons, lire l'histoire de la vie conjugale Logo, et comprendre comment cette société était jadis organisée et comment elle fonctionnait.

Malgré les faiblesses généralement reprochées aux sociétés traditionnelles et primitives, qui rejettent beaucoup de valeurs de la société moderne capitaliste, telle que l'individualisme, l'on peut s'accorder pour dire que le droit existe depuis des millénaires.

Sinon, comment expliquer que ces chansons fassent ressortir clairement les droits des uns et des autres dans la vie conjugale ? Le droit de dénoncer le mal, le droit de se plaindre, le droit d'interpeller, … ressortent clairement de ces textes des chansons examinés dans ce travail.

Lorsqu'on se réfère aux chansons n° 1, 2 et 3 on peut avoir comme l'impression que les femmes se plaignent plus et les hommes moins selon la chanson. Cela s'explique peut-être du fait que nous n'avons considéré que quelques chansons en rapport avec la vie conjugale. Cela se fait aussi par rapport aux responsabilités ou aux devoirs que chacun a à accomplir vis-à-vis de la société.

Il y a donc lieu de conclure que le rôle joué par les chansons dans la vie conjugale est incontestablement celui de *code de bonne conduite ou des lois* au sein d'une société. C'est pourquoi nous parlons d'*écrits mentaux*, car *ce qui est composé mentalement peut être converti en graphiques visuels* par celui qui possède et connaît le fonctionnement du système en question.

Le rôle de codification des lois est celui que l'on peut appeler *rôle caché* de la chanson. Le *rôle visible* étant celui de faire plaisir ou d'amuser les gens, celui d'*exprimer son malheur*, c'est ce qui est immédiat, ce qui est récent, et direct pour celui qui écoute une chanson.

Rôle caché, puisqu'il faut être un initié pour le percevoir. Heureusement, à force de répéter régulièrement ces chansons, les enfants apprennent et finissent par comprendre les messages y contenus. Ne dit-on pas que nul n'est censé ignorer la loi ?

En effet, les gens arrivent à s'identifier aux personnages de ces chansons et adoptent ce qui est bon et rejettent ce qui est mauvais pour eux, en tant qu'individu, en tant que société. C'est ainsi que le civisme et la loi moderne s'apprennent dans la masse, et de manière informelle. Assimiler les valeurs positives et écarter ou éviter tout ce qui est mauvais, nuisible à la *société*.

CHAPITRE SEPTIEME

SUPPLEMENT LEXICAL DU LOGOTI

A

abárà	á. piège sp. pour les trionymes
abàràgó	á. laid
àbɛ	á.1. boue, pisé
abɛ	v. s'abrutit
abiriki	v. devenir très affamé, être affamé
àcwá	n. houe
àcwáfɛ	n. manche d'une houe
acwà	v. répétitif : frapper plusieurs fois ; cf. *cwà*
àœkɛrɛ	v. perdre de sa valeur
Acé	n. feu
acépà	n. tison, bois de chauffage
acési	n. flamme ; cf. *dà*
Adà	v. centr. déverser ; cf. *dà*
Adó	v. centr. prendre (pour soi) ; cf. *dó*
Adù	dv. 1. plus tard
	2. après
àdrupi	n. frère
àdrupi	n. fraternité
àdrá	n. belle-mère
àdrwà	n. oncle (maternel)
Adi	v. centr. creuser ; cf. *di*
Adé	v. centr. vomir
àdrɛ	v. s'arrêter
àdrɛ	v. gongler syn. *àvó*
àdré	v. centr. donner ; cf. *fɛ*
Afɛ	v. centr. donner ; cf. *fɛ*
Afɛ	v. centr. entrer ; cf. *fè*
Afò	v. centr. sortir ; cf. *fò*
àkù	adj. ancien, vieux, usagé
àlókò	n. médicament
Alò	num. card. un
Alá	v. renverser ; cf. *là*
Ali	v. centre. couper avec un couteau
Agá	v. centre 1. Creuser avec une houe
Agá	v. fondre, devenir liquide

Agá	v. poitrine
agárápá	n. genre littéraire (chanson sp)
Agé	v. bouder, se taire
agyá	adv. de temps : hier
ágó (ágwá)	n. homme (gén), mari, époux
Agò	n. virilité (d'un homme)
agólòwá	n. coq
Agá	adj. grand
aju	n. 1. lance, sagaie
ajuɓà	n. guerrier
ajuɓà	n. village où règne la guerre
àmɓɛ	n. angine
ambi	adj. Reliquat
aló	n. card. Un
alógóɓà	n. les ancêtres, les eaux
amɓiripà	n. criquet
àmvɛ	adv.de lieu : dehors
amvò	n. dos
amvò	adj. sur le dos
amvò	v. prendre une poignée de quelque chose
amvu	n. champs, plantation
amvupi	n. sœur, syn. *ànzé*
andi	v. ennuyer
andu	n. fesse, dernière ; cf., *tàri*
àndùlɛmgbɛ	n. rituel consistant à payer une amende sage de la belle-famille pour avoir siégé pendant longtemps
angbóRówá	n. *cephalophus rufilatus* l'animal (sp) ; cf. *kómbyâ*)
anzó	n. sœur par rapport à son frère
anzo-loko	n. une femme (adulte) sans mari ou divorcée
ãpáyà	v. refuser quelque chose par
Apá	v. centr. ravir; cf. *pà*
Atá	n. père
átámvù	n. enfant du frère du père
Ató	v. piétiner à répétition ; cf. *to*
Ató	n. tout aliment qui accompagne la pâte
atónà	v. rassembler

Atà	adv. de temps : 1. en ce temps-là
	2. il fut un moment
Ará	v. centr. 1. courir vers
	2. couler(liquide)
Ará	v. gonfler (ventre)
aràkà	n. vieux (personne)
àrákà	v. devenir vieux
árákè ou *árágè*	n. emprunt de l'arbre :
	alcool distillé ; cf. *gbángbá, wá-àcé*
àrɛ (àdrɛ)	v. exister, être
Ari	n. champignon sp
Aró	n. parent, membre du clan
àrúpi	n. ami
Arú	v. centr. attraper ; cf. *rù*
àsɛ	v.centr.1. fermer (porte)
	2. tirer vers soi ; cf. *sɛ*
à. si	v. cogner fortement ; cf. *si*
Avɛ	v. devenir joli, être joli
Avè	v. se perdre, être perdu
Avè	v. oublier
àvó(lényá)	v. fabriquer la pâte (*foufou*)
Avò	n. cadavre, corps sans vie
àvùtritri	n. hibou syn. *burù*
Awó	v. balayer (la cour) ; cf. *wó*
Awó	n. pleur
awoyà	n. merci
Ayà	n. métal
Ayé	pers. autom. eux
Ayi	n. sommeil
azàlàkà	n. renard
azàlàgà	n. un grand panier sp
Azi	n. travail
a.zi	v. centr. appeler ; cf. *zi*
azibá	n. travailleur
azilíyí	n. le patron
azàmārà	n. malade mental

ɓ

ɓà	n. sein (d'une femme)
bàtúrúwá	n. sein pointu d'une jeune fille
ɓà.sú	n. lait maternel
ɓà.ti	n. bout du sein
ɓã̌(ɓã̌gó)	n. corde
ɓàɓàlì	n. lance-pierre sp.
bàkàyà	n. patate douce
bàgàdì	n. arbre dont l'écorce était utilisée pour fabriquer des vêtements
ɓã̌lyà	n. piège sp
bàngìlà	n. courge ; cf. *àngúbà*
	n. blessure
ɓí	n. oreille
ɓí-bàlɛ	tympan
bòngō	n. vêtement

ɓ

ɓà	n. 1. village ; cf. *gbàlyá* 2. habitation
ɓà	v. mettre, déposer
ɓà.gó	n. 1. notable 2. sage du village
ɓàgó	n. grand grenier où sont conservées les semences pour saisons prochaines. Il se trouve chez le chef du village
ɓàlìyi	n. les habitants du village
ɓángá	n. bouc castré
ɓɛ	v. jeter
ɓɛ	v. planer (manioc, bananier)
ɓíɓìpà	n. étoile
ɓè	n. poil
ɓógò	n. banane
ɓù	n. fermement, ciel
ɓù	n. puits, trou

ɓû	v. 1 tirer une flèche, un fusil 2. botter (tuer avec le pied)
ɓû	v. faire la diarrhée
ɓùngà	n. orgueil
ɓùrá	n. mélipones (miel sp.)
ɓúvù	n. hibou ; cf. *àvùtritri*
ɓúlàkà	n. porte-bébé

Gb

gbàlyá	n. village
gbályá	n. campagne
gbángbá	n. alcool distillé ; cf. *árágè, wà-àcè*
gbàgbàrà	n. séchoir
gbándà	n. manioc
gbándàrà	n. igname sp.
gbɛrɛ	n. tonnerre ; cf. *mángbɛ*
gbigbi	n. poisson électrique
Gbō	v. pousser brutalement
gbókó	n. logis souterrain de certains animaux
gbónó	n. hache
gbònò	n. forêt
gbōrōkǫndō	n. champignon sp.
gbóròmá	n. grippe, toux, rhume
gbórò. ɓálɛ	n. gorge
gɛrùkù	n. grande natte

C

Cà	adj. petit
Cã	v. arriver
Cwà	v. s'allonger
Cwà	v. frapper
cwácwá	v. musaraigne
cwáré	n. bouillie de termites
Cè	v. mordre
Cě	adj. être tranchant (couteaux)

Ci	v. être ivre, enivrer
cícíri	n. culbute
Círà	n. cri d'identification personnelle

D

Dà	v. verser
Dà	n. pipe
dáwà	n. poison, médicament
dèrèmà	n. jalousie
dèrèmà.liyi	n. le (la) grand(e) jaloux(se) = péjoratif
Dèlè	n. sagaie sp.
dɛdɛ	n. grand-mère
Di	ver. frapper
Dò	n.1. huile
Dō	v. prendre
dòmbó	n. cache-sexe (masculin)
dópà	n. ordure
dóró	adj. bon, bien
Dù	v. cuire rapidement (termites)

Dr

Dà	v. verser
Dà	n. pipe
dáwà	n. poison, médicament
dèrèmà	n. jalousie
dèrèmà. liyi	n. le (la) grand (grande) jaloux(jalouse) = péjoratif
Dèlè	n. sagaie sp.
dɛdɛ	n. grand-mère
Di	ver. frapper
Dò	n.1. huile
Dō	v. prendre
dòmbó	n. cache-sexe (masculin)
dópà	n. ordure
dóró	adj. bon, bien

Dù	v. cuire rapidement (termites)

Dr

Drà	v. mourir ; cf. *ōdrà*
Drà	n. 1. maladie
dràdrà	n. mort, décès ; cf. *drà*
Drã	adj. ouvert (porte)
drwã	adv. loin, lointain
Drĕ	n. champignon (générique)
drĕlãlã	n. champignon
drĕ.tu	n. champignon sp. qui pousse au même endroit
drégá	n. main, bras
drégá.mbélé	n. petit doigt
drégá.zyá	n. doigt
Dri	tête
dridri	adv. devant
dri.bé	n. cheveux
dr.búnùbú	n. cerveau
dribi	n. matin
dri.fà	n. crâne
Drò	v. attacher (un enfant au dos)
Drō	v. chasser
Dru	n. buffle

D

Dà	v. injurier, insulter
Dwà	v. cueillir les légumes
dɛ	v. tomber
De	v. vomir
De	v. coudre, tisser
De	v. pleuvoir (pluie)
Deri	adv. directement
Dy	v. personne humaine
Di	v. creuser

dide	n. bouillie

E

Eyà	n. mère (pas rapport à son fils) ; cf. *àndrɛ, màmá*
endè	dém. rapproché ceci
engòpé	inter. combien ?
endró	n. soir ; cf. *gòrògòrò*
engwà	inter. : où ?
Esà	n. pâte de mil, de manioc, de sorgho… cf. *lényá*

F

fàvfwà	n. os
Fã̀	v. raboter
Fã̀	n. arbre, bois
Fɛ	v. dormir ; cf. *àfɛ, tɛ. fɛ*
Fɛ	n. arbre ; cf. *fã*
fɛ.bi	n. feuille ; syn. *kibé*
fɛ.lòpwã̀	n. fruit
fɛ.ʒyá	n. branche (d'arbre)
fɛ.kómvó	n. racines d'arbres
fɛ.téró	n. racine d'arbres
Fè	v. entrer ; cf. *ãfé, téfé*
Fé	n. 1 pou de tête 2. grêle
Fò	v. sortit ; cf. *ãfà, tō. fò*
Fō	v. tuer ; cf. *tù. fù*
Fù	v. éclater
fùráfùrà (fufurà)	n. poumon

G

Gà	v. refuser
Gă	v. couper (machette) ; cf. *tōgá*

Gă	v. être rempli
gárá	n. 1. année
	2. saison sèche ; cf. *kénà*
gàrà	n. côté
gàrànzè	n. les os de la poitrine
gáránzé	n. forêt très dense
Gĕ	v. 1 acheter : cf. *lăgé*
Gè	n. poils d'herbes
Géré	n. étable
Gò	v. rentrer, retourner
Gò	n. ceinture féminine, portée après l'accouchement pour rétablir le ventre
gòká	n. trompette servant à rassembler les villageois
gòvgògó	n. 1. creux dans un tronc d'arbre pouvant servir de ruche pour les abeilles
	2. endroit où les poissons se cachent pendant la saison sèche quand le niveau d'eau baisse
gòrògóró	n. soir ; cf. *èndró*
góte	n. queue ; cf. *tăvé*
gòyà	n. fleur de maïs (sur les épis)
Gā	v. être rempli
gárá	n. 1 année
	2. saison sèche ; cf. *kéná*
gàrà	n. côté
gàrànzé	n. les os de la poitrine
gárácé	n. foret très dense
Gĕ	v. 1. acheter ; cf. l'âge
	2. doter (*tòkògĕ*)
Gè	n. poils d'herbes
Géré	n. étable
Gò	v. rentre, retourner
Gò	n. ceinture féminine portée après l'accouchement pour rétrécir le ventre

gòká	n. trompette servant à ressembler les villageois
gŏ v gògó	n. 1. ceux dans un tronc d'arbre pouvant servir de ruche pour les abeilles
	2. endroit où les poissons se cachent pendant la saison sèche quand le niveau d'eau baisse
gòrògóró	n. soir ; cf. *èndró*
gótɛ	n. queue ; cf. *tāvé*
gòyà	n. fleur de maïs (sur les épis)
Gū	rire
gùgù	n. hutte

I

iligû	n. couteau
Iri	num. card. deux
irigú	n. vipère sp.
Irà	n. grande trompette Logo

J

jàràɓù	adj. désordonné, mal éduqué (personne)
Jā	v. s'égarer, se perdre ; cf. *évè*
jɛmbɛ	n. morceau de linge servant à porter le bébé au dos cf.
Jègà	n. médiatement pour guérir
Jó	n. maison
jó.drì	n. toiture, toit d'une maison
jó.tì	n. porte

P

Pà	v. labourer

Pã	n. ventre
Pã	v. donner des fruits (arbres)
pápwã	n. sœur du père
Pè	v. lier, attacher ; cf. *āPè*, *tepè*
Pì	v. moudre à la pierre
Pō	v. faire
Pū	v. résonner

Ǝ

'Ǝò	v. allumer le feu à la paille
Ǝõ	v. devenir sec ; cf. *tō.Ǝō*

K

Kā	n. 1. devenir rouge
	2. devenir mûr (fruit)
kàcnā	adj. long ; cf. *cwā*
kàfú	n. houe, syn. à *cwá*
kàgùmá	n. vent
káƎá	n. brancard
kāpì	v. 1. répondre
	2. accepter (croire)
kákárá	n. perdrix
kàláká	n. oiselles
kálánýa	n. chair, viande ; cf. *ẓākálánýá*
kàlégé	n. panthère
kàlòmà	n. solitude
kàlómā	adv. seul
kāmì	n. lion
kāmú	v. 1. enfermer dans la main
	2. embrasser
kāndí	v. ennuyer ; cf. *āndé*
kāndrā	adv. devant
kángá	n. trompette
kànẓá	n. pénis
kánẓè	n. panier

kányú	n. sésame
kāpì	v. devenir large, être large
kàrà	n. python
kàré	n. sang
kàtē	n. supports de marmite au feu (le foyer)
kàwá	n. gibier (générique)
kàwà.trā	n. serpent (générique)
káyá	n. cache-sexe féminin ; cf. *jùkú* (syn)
kāyá	v. dormir, se coucher
kàyó	adj. aîné
kázyá	adj. card. six
kɛ.bɛ	v. coller ; cf. *bɛ*
kɛbɛ	v. rassembler
kɛlɛpɛ	n. cuillère ne morceau de calebasse
kɛndrɛ	n. igname sauvage, un peu amer
kɛlɛ	n. charbon de bois
kɛmbɛ	n. instrument de musique
kɛmbɛ	n. cou
kɛmvɛ	adj. blanc
kɛmvɛ	v. devenir blanc, être blanc
kɛpɛ	v. trier, choisir
kɛsɛ	n. sauterelles
kyánzē	n. jeune fille
kēbó	n. monnaie traditionnelle en fer pétrie en forme de houe
kēcé	v. attire le feu
kēdè	n. froid, syn. *nzínzí*
kēdé	v. faufiler à l'aiguille ; cf. *dē*
kēdó	v. commencer
kēdé	v. faire froid

kédrē	n.1. veine
	   2. corde d'arc
	   3. racine d'arbre

kèdré	adj. froid
kēgá	v. 1. décortiquer (arachide) 2. éclore les œufs (poule…)
kégā	n. puissance de précision donnée au chasseur en faisant un fétiche spécial
kēgá	n. calebasse (objet)
kējúrúkú	n. ternîtes maçons
kèné	v. être délicieux, sucré
kēnzò	n. mensonge
kēkēnzòbá	n. menteur
kélè	n. clitoris
kēké	n. rouge; cf. *kā*
kēmó	v. rassembler
kēnzé	v. 1. dénouer 2. détacher
kénzékè	n. mentaux
képálábù	n. musque
kérà	n. pierre ; cf. *kúrúgù*
kèrá	n. farine destinée à préparer le vin de sorgho
kèrē	n. chenille (générique)
kètó	n. lèvre, syn. *òtógówá*
kēkēsé	v. éparpiller
késé	n. graine
kēzē	v. secouer ; cf. *zē*
kē, zē	n. sanglier, syn. *kúndanì*
kéyá	v. tamiser ; cf. *yā*
kíbí	n. feuille
kíbì	adj. cru (fruit)
kídì	n. pâte de sésame, d'arachide…
kídrì	n. ciseaux traditionnels
kìní v kìnákú	n. sol, terre
kìnì	adj. noir ; cf. *nì, ni*
kírì	n. guêpe

kísí	n.1. soleil
	2. jour
kíyí	n. crocodile
Kō	v.1. puiser de l'eau (áyĩ)
	2. dormir
kōcwá	v. secouer (en lavant l'intérieur d'une bouteille)
kōbó	n. écorce d'arbre
kòbò	n. grenier en argile
kòbó. jó	n. joue
kòbòlà	n. pigeon sauvage
kō. fá	v. raboter ; cf. fā
kōgbó	v. bousculer
kōdré	n. urine
kōdré.jó	n. vessie
kōgá	v. tapoter, frapper à la tête
kójã	n. belle-fille (par rapport à sa belle-mère)
Kójó v kójógó	n. féticheur
kōká	v. devenir aigre, être aigre
kòké v kòyá	v. chien
Kòkē v kòyā	n. forêt-galerie
kōkó	v. tenir fortement par la main
kōƷó	n. corne
kōlɛ	n. sorcellerie
kólɛ	n. sorcier maléfique
Kōlō	n. rein
kō, ló	v. bouger à la main
kólézyá	n. ongle
kómɛ	n. cerveau ; cf. drì. búrù. bú
kòmbá	adj. colérique
kòmbà	n. rat de Gambie
kómvɛ	n. anneaux portés par les femmes
kòmvō	n. nez
kómvólɛ	n. tour de la taille

kóná	n.1. saison sèche
	2. année ; cf. *gárá*
kóndó	adj. stérile
kònzē	adj. mauvais
kònyà	n. ver de terre
kómnwā	n. termites femelles
kòpɛ	n. pintade
kóró	n. fontaine
kòrógò	n. carquois
kórókó	n. genou
kósó	n. haricot (générique)
kōsyà	n. 1 envie exagérée de la viande
	2. une femme ou un homme
kótálábà	n. renard
kótó	n. colline
kòyà	n. instrument de musique sp.
kōzyā	n. pluie, syn. *bù*
kōyò	n. le fait de jurer qu'on ne peut plus faire quelque chose.
kòzó	n. roseau
Kù	n.1. écarter
Kū	n. bifurquer
Kùc	n. épine
kùfù	adv. en dernier lieu, le dernier
kùfú	n. aile
kúgú	v. voler, cambrioler
kúgù	n. le vol
kùgú. bá	n. voleur, cambrioleur
kūjí	v. être amer, devenir amer
kúlí	n.1. parole
	2. langue (langage) ; cf. *tí*
kùlí	n. aubergine
kùmú	n. visiteur, hôte
kùmū	n. testicule
kūmū	n. mouche (générique)
kúndán	n. sanglier, syn. *kèzè*
kùndrí	adj. succulent

kūnzú	n. coude
kúrì	n. sueur
kúrúkú	n. calebasse, bouteille
kúrúgù	n. caillou
kūsú	v. trouver
kúsū	n.1. arc
kūtú	v.1. renverser (en violant) le contenu d'un récipient 2. déverser (de l'eau)
kūvú	v. griller à l'étouffée
kùvùlɛ	n. aisselle
Kyà	adv. juste

Kp

kpà (fɛ)	v. grimper sur un arbre sans branche
Kpà	adv. encore
kpɛkpɛlɛ	adv. tout en dinde v. passer à travers quelque chose en courant
kpókáké	n. champignon sp.
kpòló	n. gésier

ℓ

ℓā (mvá)	v. endormir le bébé
ℓàbàgù	n. hyène
ℓàbé	n. esclave
ℓàbí	n. antilope sp (waterbuck)
ℓàbó	n. dot
ℓādé	v. cuire, faire la cuisine
ℓàdó	n. arbre sp. dont l'écorce est utilisée pour tuer les poissons (c'est un poison) ; cf. *àkɜ̄pà*
ℓàdrà	n. langue (organe)
ℓàdró	v. poursuivre, pourchasser ; cf. *drò*
ℓàfā	n. monnaie
ℓàgã	n. refus ; cf. *gà*

ɭàgà	n. interdire, empêcher
ɭàgē	n. prix
ɭàgé	v. vendre ; cf. *gē*
ɭàgū	v. ennuyer
ɭàgù	v. ennui
ɭàjà	v. étaler au soleil (farine)
ɭàpá	v. respirer
ɭákyá	n. temps
ɭàlé	n. préjudice causé à autrui
ɭāmá	v.1. se sentir (bien ou mal) 2. essayer par le moyen des sens
ɭàmì	n. sort
ɭāmbɛ	v. faire en paquet
ɭāndɛ	v. se fatiguer
ɭāndɛ̀	n. fatigue
ɭàndré[35]	v. un regard sur un problème ; cf. *ndré*
ɭàndrí	n.1 l'acte posé par un féticheur détecter un malfaiteur 2. l'instrument utilisé à cette fin.
ɭàngbà	n. petit cours d'eau
ɭãnzé	v. distribuer
ɭãnzì	v. peser, être lourd
ɭãnzì	v. poids
ɭànyà	n. nourriture ; cfr. *nyã*
ɭãŋwá	
ɭàŋgò	n. fer, métal
ɭāŋgò	n. fatigue récompensée, fruit des efforts fournis
ɭāpá	v. fuir
ɭãpɛ	v. éparpiller
ɭãpé	v. jouer un mauvais tour à quelqu'un

---

[35] *Lāndré*, vient du verbe *ndré*. Le préfixe *lā* marque une action abusive dans l'une et l'autre des significations ci-dessus. Le verbe *ndré* qui signifie *regarder* chez les Logo Ogambe, signifie *coucher avec une femme* chez les Doka, Obelebo et Lolia. Ils utilisent le verbe *nõ* pour dire « regarder » au lieu de *ndré*.

ℓápégyò	n. bouc
ℓãrá	v. courir çà et là ; cf. *rã*
ℓãri	n. tam-tam (générique)
ℓãró	v. se réveiller
ℓàti	n. jumeaux
ℓàtì	n. chemin, route
ℓãvé	v. jouer
ℓãvú	v.1 passer
ℓãwà	n. dispute
ℓãwã	v. se disputer quelque chose
ℓãwá	
ℓãwú	n. région ; cf. *àgó*
ℓãzé	n. blessure, plaie, syn. *bé*
ℓãzi	v. annoncer son départ
ℓɛ	v. aimer
ℓɛ.bɛ	v. suivre attentivement (un gibier)
ℓɛ. ɓɛ	v. tomber plusieurs fois ; cf. *dɛ*
ℓɛbɛ	v. jeter continuellement ; cf. *bɛ*
ℓɛdɛ	v. regarder
ℓɛmbɛ	v. lécher continuellement, cf. *mbɛ*
ℓɛ.ndrɛ	v. regarder tout autour ; cf. *ndrɛ*
ℓɛndrɛ	n. caméléon
ℓɛ.tɛ	v. attendre longtemps ; cf. *tɛ*
ℓɛ. tɛ	v. avaler plusieurs fois ; cf. *tɛ*
ℓɛ.vɛ	n. brûler. cf. *vɛ*
ℓɛ. vɛ	v. être brûlé (grillé) progressivement
ℓē	v. frotter
ℓè	v. partie, aller ; cf. *àlé*
ℓèbá	n. antilope
ℓē.cē	adj. tranchant, acéré, coupant ; cf. *cē*
ℓē.dē	v. vomir continuellement ; cf. *dē*
ℓē.dē	n. vomissement
ℓèdré	n. pot (générique)
ℓēdré	v. guérir
ℓeipi	n. arbre sp
ℓē.já	v. tournoyer ; cf. *jã*
ℓē.ká	v. devenir rougeâtre ; cf. *kã*
ℓē.ké	v. élever (un enfant)

ɭéndré	n. ombre
ɭényá	n. foufou : pâte de mil, de maïs, de manioc
ɭētré	v. maudire
ɭēré	v. s'asseoir
ɭē.sē	v. devenir handicapé physique
ɭèwá	n. éléphant
ɭéyá	n. problème
ɭē.zé	v. pousser plusieurs fois ; cf. *zē*
ɭēzyá	v. griller (les poils d'un gibier)
ɭèzó	v. reproduire en grande quantité
ɭi	v. couper (avec un couteau)
ɭi.pi	v. moudre soigneusement ; cf. *pi*
ɭigi	n. un oiseau, sp.
ɭigú	n. couteau
ɭindri	n. griller légèrement
ɭi.vi	v. balancer ; cf. *vi*
ɭi.yi	v. entendre avec beaucoup d'attention ; cf. *yi*
ɭiyi	n. propriétaire
ɭi.zi	v. interroger ; cf. *zi. ãzí*
ɭò	v. trouver, être trouvé ; cf. *tõ-lò*
ɭõ.dó	v. insulter plusieurs fois ; cf. *dã*
ɭõgó	v. rendre
ɭógó	v. arbre sp.
ɭòjó	n. poison
ɭòpwã	n. fruit (générique)
ɭòkà	n. liane sp.
ɭòkà	adj. mûr (fruit) ; cf. *kà*
ɭõkpó	v. grossir maladroitement (une partie du corps)
ɭõgó	v. empêcher quelqu'un de faire quelque chose
ɭõ.lé	v. 1. oindre ; cf. *là*
ɭõmé	v. guetter
ɭõmbá	v. devenir dure, être dure
ɭòmbá	adj. dure
ɭòndró	v. téter abusivement ; cf. *ndró*

ℓòngà	n. piège sp
ℓònyó	n. frère (par rapport à sa sœur)
ℓõ.pã	v. aiguiser (la pierre à moudre) ; cf. *pã ℓõ. pà*
ℓòngbõ	v. devenir très fréquenté (un chemin)
ℓõvó	v. se reposer
ℓõvó	n. envie
ℓõzà	v. brûler légèrement
ℓõ.zwà	v. presser plusieurs fois (citron) ; cf. *zwà*
ℓūbi	n. avarice
ℓūbú	v. 1. tirer plusieurs fois (fusil) 2. botter plusieurs fois ; cf. *bū*
ℓūbvbùbi.bá	n. un avare
ℓūmù	v. envoyer plusieurs fois
ℓū.mvù	v. boire abusivement ; cf. *mvū*
ℓū.nzū	v. cacher continuellement
ℓū.zū	v. sucer continuellement ; cf. *nzū*
ℓūwū	v. éplucher

Mb

Mbà	v. monter ; cf. *mbã*
Mbà	v. grandir (un enfant)
Mbã	v. la lune
mbã.si	n. nouvelle lune
Mbɛ	v. lécher ; cf. *ℓɛmbɛ*
mbɛℓɛ	adv. vite, rapidement
mbɛrɛ	n. fretin
Mbè	n. herbe, brousse
mbòmbó	n. emprunt au français, tout ce qui est sucré

M

Má	pers. sujet je
Mà	pers. autonome moi (je)
Mã	v. bouder quelque chose
Mà	pers. sujet nous

màcókòró	n. emprunt à l'arbre : pour des vêtements
màgárá	n. antilope sp.
màmá	n. mère (par rapport à son enfant)
màngélè	n. hyène, syn *ɬàbàgù*
màràkù	n. chaussure, syn. *sákáyékoá*
Mé	pers. sujet tu
Mè	pers. sujet vous
Mi	n. serpent (générique)
mi-báɬɛ	n. figure
mi-ɬíndrà	n. larme
mi-já	n. orbite
Mõ	v. épouser
mõgyá	n. rat sp.
Mógó	n. tombe
mòkágè	n. chauve-souris, syn. *tarògò*
Mòlá	n. rat sp ; cf. *mògyà*
móndyá	n. homme (générique), syn. *dyá*
Mòrá	n. grand pot destiné à préparer le vin de sorgho, maïs
mùdri	num. card. dix
mù	v. envoyer ; cf. *lū.mū*
mùkwáyi	n. les épouses des frères entre elles
mùkú	n. champ en jachère
mùɬúɬú	n. piège pour attraper les poissons
mvà v mvámvé	n. enfant (pi. *ànzē̄*, *àzē̄mvá*)
Mvá	adj. petit, peu
mvãgó	n. fils, garçon
mvá-tòkó	n. fille
Mvõ	v. prendre une poignée de quelque chose
Mvõ	v. manger (gloutonnement)
mvògò	n. jardin au bord d'un cours d'eau
mvùrùm vúrù	adj. plein de liquide et souvent succulent

N

Nà	n. compter
Nà	num. card. trois
Nàdè	dém. éloignement cela
nàɭe	dém. de rapprochement ici
Nãdè	dém. rapprochement celui-ci
Nãyē	dém. d'éloignement ceux-là
Nãyè	dém. de rapprochement ceux-là
Ni	v. devenir noir, être noir ; cf. *kinzi*
Ni	adj. noir ; cf. *kinzi*
Ni	v. connaître, savoir
Nò	v. regarder

Nd

Nd	v. chercher
Ndà	v. naph. en question
Ndà	n. sorgho, sp.
ndàɭà	v. descendre ; cf. *tandi*, à adj
Ndi	adj. plein
ndindí	n. saleté (corporelle)
ndikò	adj. insensible (corps)
ndrindri	n. saison des pluies
ndòbó	n. nuage

Ndr

Ndà	v. mettre un pagne
Ndre	v. regarder, cf. *ɭɛndrɛ*, syn. *nò*

Nz

Nzē	v. retourner, rentrer ; cf. *nzê*[36]
Nzè	v. 1. ouvrir (porte)
	2. arracher (une jeune plante à planter)

---

[36] Le verbe *ndrɛ* qui signifie *regarder* chez les Logo Ogambe, signifie *coucher avec une femme* chez les Doka, Obeleba et Lolia. Ils utilisent le verbe *nō* pour dire *regarder* au lieu de *ndrɛ*.

nzingi	adj. épais ; cf. *nzi*
Ngõ	v. être blessé
Ngõ	v. extraire le miel
Ngū	v. sucer
Ngŭ	n. plante qui donne des calebasses

ŋ(ny)

Nyā	v. magner ; cf. *ɫànyà*
Nyă	n. mil
nyăbá(alo)	num. card. Vingt
Nyē	v. réduire en poussière
Nyõ	adv. pour toujours

ng

Ngã	v. 1. se lever
	2. voler (oiseau)
ngàlú	n. poisson sp
ngáci	n. nuit
Ngè	interr. comment ?
ngénē	v. enlever ; cf. *ãngē tēnē*
Ngi	adv. tout, entièrement
Ngõ	v. pleurer ; cf. *lõngó*
Ngù	v. sentir (odeur)

N

Nò	v. casser, se casser ; cf. *áŋò*
nwóŋwá	n. moustique
Nwã	pourrir ; cf. *áŋwá taŋwã*
Ngb	
ngbà	adv. Seulement
ngbà	adj. éclairant
ngbãyă	n. maïs, syn. *mòndó*
ngbõ	adj. ouvert

ngbò	n. daman
Okó	n. femme, syn. *tòkó*
Ogè	n. chimpanzé sp.
Opé	n. chef
Oré	n. 1. esprit, syn. *tòré*
Osà	n. vipère heurtant
otógwá	n. lèvre, syn. *kètá*

P

Pã	v. ravir
Pã	v. aiguiser (un morceau de bois)
Pã	n. pied
pãgá.lɛ	n. pomme de pied
pãlá	n. arbre sp. dont l'écorce sert de corde solide
pálá.bá	adj. nu (une personne)
párábó	n. mollet
pá.tówá	n. déchet de papyrus
pá.vúdri	n. piège sp. pour attraper les gros gibiers (éléphant)
pá.zyá	n. trace de pied
pó.lényá	n. les orteils
Pɛ	v.1. rendre pointu (bois)
Pɛ	v. être excité (sexuellement)
pɛrɛpɛrɛ	adj. moins épais
Pè	v. tresser une corde
Sõ	n. daman sp.
sókò	n. marché (emprunt à l'autre)
Sù	n.1. mettre un cache-sexe
Sü	num. card. Quatre
Sù	n.1. Sève
sùrú	n. famille (sens large), clan

T

Tá	v. dire ; cf. *tà*
Tó	n. nouvelle
tã.báti	n. vérité
tã.bi	n. moudre d'une manière spéciale
tãbi	n. faim
tábá	n. partie de la houe où l'on fixe le manche
tabiri	v.1. essayer
tábí	n. grand-père
tãbó	v. boucher, couvrir
tàdɛ	n. vagin
tãdá	v. montrer
Tãcí	v. marcher
tàfúléndré	n. poussière
tãgü	v. s'accroupir
Tájí	n. odeur
tápí	n. sel
tàpù	n. poule (générique)
tàtù.bù	n. œuf de poule
tùkõ	v. couvrir quelque chose
Tàli	adj. court
Tàlú	n. daman (générique)
tãnè	adj. bon
tánò	cond. si...si
tãndi	v. s'incliner
tà.ndrè.syà	n. charme
tãndríli	n. rosée matinale
Tàrè	n. champignon sp.
Tàrí	n. fesse
Tãvé	v. avaler ; cf. *lɛ.tɛ*
Tɛ	v. atteindre ; cf. *lɛ. tɛ*
Tɛ	v. picorer : cf. *lɛ. tɛ*
tɛbɛ	v. 1. donner plusieurs fois
tɛ. trɛɛ	v. crier plusieurs fois ; cf. *ire*
tɛndrɛ	n. rat (générique)
tɛ.rɛ	v. découper les légumes ; cf. *rɛ*

Tɛrɛ	n. premier exploit d'un jeune homme à la chasse
tɛ.sɛ	v. tirailler ; cf. *a.sɛ*
	v. picorer plusieurs fois ; cf. *tɛ*
Tɛvɛ	v. gratter plusieurs fois ; cf. *vɛ*
Tè	v. 1. pincer ; cf. *tētè*
	2. rendre tranchant (couteau)
Tēdè	v. 1. tordre
tèdré	v. mordre plusieurs fois avec les dents ; cf. *cè*
tè.fé	v. entre plusieurs fois ; cf. *fè*
Tègã	n. sanglier
tè.gé	v. prendre plusieurs fois ; cf. *gè*
Tēpè	v. attacher plusieurs fois ; cf. *pè*
tè.ké	v. couper plusieurs fois ; cf. *kè*
Tèlé	v. lier ou nouer (les deux bouts de cordes...)
tèndrè	v. mouiller ; cf. *ndrè*
tè.gé	v. prendre de petites poignées de...
tè.ngà	v. soulever ; cf. *ndre*
téré v tóré	v. 1. esprit (bon ou mauvais) ; cf. *àré*
Tèré	v. faire descendre
Tèró	v. réveiller
tè.sè	v. pincer plusieurs fois ; cf. *rè*
tétérékó	n. escargot
Tēzà	n. souffrance, malheur
Tēzá	n. abîmer, abuser
Ti	v. mettre en ordre, arranger
	n.1. bouche (organe)
Tibū	v. demander le service d'un enfant (l'enfant faire quelque chose)
Tìdí	v. planter, semer
ti.kēnè	n. lèvre
tilíbé	n. barbe
ti.li	v. couper en plusieurs morceaux ; cf. *il*
tènzì	v.1. ouvrir plusieurs fois
tì. pìvtūpì	v. casser plusieurs fois ; cf. *pì*

tì.sì	v. cogner plusieurs fois si
ti.ti	v. arranger plusieurs fois ; cf. *tì*
Títi	quantitatif : tout
titikù	n. torture
tõ.bà	v. déposer plusieurs fois ; cf. *bà*
tõ.dà	v. transporter plusieurs fois ; cf. *do*
tõ.dwá	v. cueillir plusieurs fois ; cf. *dwà*
tõ.drà	v. mourir nombreux ; cf. *drà*
tõ.cwà	v. frapper plusieurs fois ; cf. *cwà*
tõ.tò	v. sortir plusieurs fois ; cf. *fà*
tófõrókó	n. centre
tõ.gà	v. couper plusieurs fois ; cf. *gà*
tõ.gó	v. donner des fruits (bananes, maïs)
Tõgó	n. 1. cœur (organe)
tõ.gó	v. maigrir ; cf. *ó*
tòkó	n. 1. femme (générique)
tõkó	v. puiser plusieurs fois ; cf. *k.õ*
tõ.kpó	v. sortir vite et plusieurs fois ; cf. *kpõ,*
tõ.mbà	v. monter plusieurs fois ; cf. *mbà*
tõmbé	n. criquets migrateurs
tõ.mvó	v. ramasser plusieurs fois ; cf. *mvõ*
tõ.ndà	v. chercher continuellement ; cf. *ndà*
tõ.nzó	v. être blessé à plusieurs endroits ; cf. *nzõ*
tõ.ngó	v. se plaindre continuellement
tõngó	n. matin (possible emprunt au lingala) svn. *aribi*
tõ.pó	v. faire quelque chose de manière incertaine
tõ.ŋó	v. être cassé en morceaux ; cf. *ŋò*
tõ.pá	v. ravir plusieurs fois, *pã*
Tòré	n. ruche artificielle
tõróbé	n. songe, rêve
tõróbébé	n. araignée (générique)
tõ.sá	v. frapper plusieurs fois ; cf. *sã*
tõ.só	n. mousse, écume
Tõtà	v. introduire plusieurs fois ; cf. *tà*
Tõvó	n. paresse

tòvó v tòvóbé	n. paresseux (se)
Tõvó	v. cuire à l'étouffée
Tõyó	n. petit-enfant (petit-fils et petite-fille par rapport à leurs grands-parents)
tõ.zà	v. brûler plusieurs fois ; cf. *zà*
Tù	adv. ensemble
Tù	v. gonfler
tùdrù	n. crapaud
tū.fũ	v. tuer plusieurs fois ; cf. *fũ*
tūngù	v. sentir l'odeur en cherchant avec le nez (chien) ; cf. *ngù*
tū.rú	v. attraper plusieurs fois ; cf. *rù*
tūrú	v. allumer (le feu)
tūsū	v. réfléchir, penser à
tùsú	n. salive
tùwú	n. épaule
tū.wù	v. ramasser ; cf. *wù*

Tr

Trà	v. cuire une sauce spéciale (*màràrá*)
Trɛ	v. crier ; cf. *tɛtrɛ*
Trè	v. dénouer, défaire
Trì	v. frotter à la main
Trõ	v.1. coaguler, le solidifier
tròŋó	n. anneau

U

Urí	n. pou de cheveux, syn. *fě*
Uzí	n. force magique pour détruire quelqu'un
Udú	n. sommeil
udrú	n. serpent aquatique sp.

V

Vɛ	v. couper avec le coupe-coupe
Vɛ	v. gratter ; cf. *à.vɛ.tɛvɛ*
Vè	v. être brulé ; cf. *lɛ.vɛ*
Vò	v. être perdu, se perdre
Võ	n. place, endroit, région ; cf. *àngó*
Vì	v.1. souffler ; cf. *ã.vó*
Vì	n. venter ; cf. *ãvi, ti. vi*
Vù	v. 1. jeter
vùdrì	n. trace
vúdrì	adv. de lieu : par terre
vùrà	n. discours, palabre
vúyà	n. estomac

W

Wã	v.1. sauter ; cf. *ã.wá.lõ.wá*
	2. faire jour (*ngáwà*)
Wá	n. bière, vin alcool (générique)
wãcé	n. alcool
wãlàvwawálà	n. épervier
wàndɛ	n. arachide (emprunt possible au Bangala), syn. *sēngó*
wànzà	n.1. les co-épouses par rapport à leur époux
wáyágóyá vwóyágó	n. singe sp.
wɛɛ	adv. Beaucoup
Wõ	v. balayer ; cf. *ã.wá,lõ.wá*
wòyá	n. travail collectif au sein d'un clan et dont le bénéficiaire nourrit et abreuve ceux qui travaillent
wulù	n. pigeon sauvage, syn. *kòbòlà*

Y

Yã	v. secouer ; cf. *kē.yá*

yáyá	n. cri de joie poussé par les femmes lors de la danse
Yè	v. déverser de la poussière
Yì	n. eau
Yì	v. écouter, entendre, *li. yì*
yì-lõvõ	n. soif
yóyóró	n. porc-épic
Yo	nég. pas

Z

Zã	n. viande
Zá	v. brûler ; cf. *tõzà. lõ. zà*
Zwá	v. 1. presser (citron) ; cf. *lõzwá*
zɛou zà	n. excrément
zɛngò	n. champignon sp.
Zē	v. pousser, cf. *ãzé, lè. zé, kē.zé*
Zì	v. appeler, demander ; cf. *li, zi, ãzi*
Zõ	v. rugir (lion)
Zù	v. cacher ; cf. *lūzù*

BIBLIOGRAPHIE SOMMAIRE

La présente bibliographie sommaire reprend principalement les ouvrages cités dans notre essai. Nous y avons, cependant, inséré quelques publications consultées sans qu'elles n'aient été explicitement mentionnées dans le corps du texte. Les ouvrages concernés sont ceux qui ne se rapportent pas directement à notre problématique ou qui la prolongent.

Soulignons, cependant, sans différer que les éléments bibliographiques exposés ne prétendent pas à l'exhaustivité. Les ouvrages repris, dans leur majorité, contiennent beaucoup d'autres renseignements bibliographiques sur la thématique développée. Tout lecteur désireux de compléter son information ou de prolonger sa réflexion sur la quintessence des chansons logo n'a qu'à se reporter à ces indications.

I. Ouvrages et dictionnaires

01. BALANDIER G., *Sociologie des mutations*, édition Anthropos, Paris, 1970.
02. BONSON S., 1967, *Modernisation et conflits tribaux en Afrique noire*, dans *Revue française de science politique*, Vol. XVII, n°5, Octobre, 1965.
03. CALLINAN L., *Preliminary study of avokaya phonemes, occasionnal papers in the study of Sudanic languages* 1 : 64-73, College of Education, Juba, 1981.
04. CAMBIER R., *Carte des compagnes anti-esclavagistes*, atlas général du Congo, I.R.C.B, Bruxelles, 1952.
05. DUBOIS J. et Alii, *Dictionnaire de linguistique*, Larousse, Paris, 2002.
06. *Dictionnaire Encyclopédique*, Hachette, Paris, 1994.
07. GREENBERG J.G., *The languages of Africa,* second edition, The Hague, Mouton, 1966.
08. HAGEGE Cl., *La langue Mbum de Nganha (Cameroun) : Phonologie et grammaire,* SELAF (Bibliothèque 18), vol. I et II, Klinchsieck, Paris, vol. I et II, 1970.
09. LANDIS J. R, *Sociology: concepts and characteristics*, Sixth Editions, Belmont, California, 1986.
10. MIDDLETON J., *Tribes without rules, Studies in African segmentory systms,* Routledge and Paul, London, 1958.
11. ID., *The effects of economic development on traditional political systems in Africa south of Sahara,* Mouton, La Haye-Paris, 1860.

12. PEETERS L., *La géographie du pays logo au sud d'Aba,* (République Démocratique du Congo), CEMUBAC, Bruxelles, 1963.
13. RANGER, T. O., *Revolt in South Rhodesia (1896-1897),* Changement, London, 1976.
14. ROCHER G., *Introduction à la sociologie générale,* 3. Le changement social, édition HMH, London, 1968.
15. SAMBA KAPUTO G., *Phénomène d'ethnicité et conflit ethno-politique en Afrique noire postcoloniale,* P.U.Z., Kinshasa, 1982.
16. SOUTHALL A., *Alur soioty, study, process and types of domination,* Hefter, Cambridge, 1953.
17. TUCKER A. N., *Les chefferies, Bugweshe (1968-1969),* Université de Louvanium, Kinshasa, 1970.
18. Id., *The Eastern Sudanic Languages,* vol. 1, second edition, London, 1967.
19. VANSINA J., *Introduction à l'Ethonographie du Congo,* CRISP, Bruxelles, 1965.
20. VERHAEGEN, B., 1966-1969, *Réalisation du Congo,* Tome I et II, IRES-INEP-CRISP, Léopoldville-Bruxelles.

II. Documents inédits divers

21. ALARUKA A., *Essai d'étude sur l'agriculture chez les logo,* travail de fin d'études, inédit, UNAZA/ISP Bukavu, 1975.
22. ID., *La mobilité d'habitat rural des logo Ogambi dans la zone de Faradje (Zaïre),* Annales de l'ISP de Kisangani, série Etudes, Kisangani, n° 13, juillet 1984.
23. IRUMU Agozia-Kario J., *Description du logoti, langue soudanaise centrale (Zaïre) : phologie et lexique,* Mémoire de D.E.A., Université de la Sorbonne Nouvelle (Paris III), inédit, Paris, 1983.
24. ID., *Description du logoti (Nord-Est du Zaïre), Phonologie, Esquisse grammaticale et lexique logoti-français,* Thèse de doctorat =, Université de la Sorbonne Nouvelle, inédit, Paris, 1986.
25. SAMBA KAPUTO G., *La chefferie du Bugwehe (1968-1967),* Mémoire de Licence, Université Lovanium, Kinshasa, 1970.

III. Autres

26. *Aperçu historique de la peuplade Alur*
27. *Documentation sur l'historique du district de Kigali-Ituri*

28. *La pénétration arabe dans région de l'Uélé et l'Ituri*
29. LATILLER, O., 1934, *Rapport sur la tribu Logo, origine, histoire, le tapa, le rôle de la femme, le mariage*

IV. Rapports et publications officiels

30. *District de l'Ituri* : 1913-1915-1929
31. *District de Kibali-Ituri* : 1946-1956
32. *District de l'Ituri* : 1957-1959

V. Rapport TPS 3.1. (Travaux et prévoyance Sociale des indigènes)

33. District de Kibali-Ituri : 1947-1956.
34. District de l'Ituri : 1957-1958.
35. Procès-verbaux des Conseils du Gouvernement de la Province de Kibali-Ituri, Novembre 1962- novembre 1965.
36. *Recensement général de la zone de Faradje*, 4è trimestre, 1983.

INDEX

Aba	: 34	Avokaya	: 32, 33
abandu	: 76	awo	: 118
abara	: 82	aya	: 62
adju	: 81, 88		
adra lagasɛ	: 92, 101	ba liyi	: 90
adra	: 92, 101	ba	: 90
adrupi liyi	: 90	ba	: 90
adrupi	: 90, 91, 124	ba	: 97, 101
aduma	:108, 113	Babira	: 38
ago	: 24, 78, 91, 107, 109, 122	Bagera	: 32, 41, 133
		Baka	: 32, 33, 40, 41, 44, 133
agonza	: 93,101		
agozya	: 96, 101	bakaya	: 76
ajuba	: 90	Bale	: 37
akaraka ledre	: 74	balimo	: 81
akkaraka	: 93; 94	balya	: 82
Ali	: 43	bangila	: 76
alibiri	: 104	bari koso	: 76
Allah woter	: 37	Bari	: 32, 33, 37, 41, 42
alogo	: 90		
alogoba	: 90	Basiri	: 32, 33, 40
alu fɛ	: 75	Bayunda	: 33
Alur	: 35, 37, 38	Bendi	: 37
Amva	: 45	Beni	: 37, 38
ande	: 95, 101	Bira	: 37
andrɛ	: 26	bolingo	: 108, 112, 113
Andudu	: 38	Bomokandi	: 32
anguba	: 76	bulaka	: 68
anzo longo	: 91	Bunia	: 39
anzo	: 91	Burkinafaso	: 15
Anzyago	: 42		
apɛ	: 97, 101	Chari	: 39
aro liyi	: 90,		
aro	: 90, 116	derema	: 90
Aroba	: 33, 34	derema	:107, 110
Aru	: 31, 33, 38	Djugu	: 38, 39
Avakubi	: 37, 38, 45	Djulu (udjuru)	: 35, 37

171

Doka	: 32	kabu	: 84
Doka	: 32, 132	kafu	: 76, 77
Dongo	: 15, 34, 38	kage	: 74
dorogwa	: 78	kaguma	: 99, 100, 101
Doya	; 34, 44	kakwa	: 31, 37
dre	: 76, 84	kalanya	: 106, 107, 108, 109
Dukpa	: 32		
dungu	: 31, 40, 41, 44, 45	Kaliko	: 37, 42
		kaloma	: 92, 101
Durba	: 15	kanga	: 102, 103, 105
dɛdɛ komvo	: 133	Kanyeroko	: 33
dɛdɛ	: 133	kanyu	: 75
		kanza	: 95, 101, 116
Epulu	: 38	kanze mva	: 70
eya	: 7	kanze	: 70
		kare koso	: 76
Faradje	: 11, 15, 31, 32, 34, 38, 39, 41	Kayba	: 26
		kayo	: 82
fwa	: 95, 101	kayoma	: 108, 113
		kebo	: 60, 62
Garamba	: 32	kega	: 71
Gbado	: 26	kejuruku	: 76, 84
gbakata	: 104, 105	kenze kere	: 76, 84
gbono	: 76, 77	kenzwa	: 97, 101
gborobalɛ	: 95, 101	kera mva	: 69
Geti	: 38	kera	: 69
Gila	: 33	kero	: 80
Gombari	: 38	kesako	: 70
		keya ago	: 70
Hema	: 37	keya	: 61, 81
Homa	: 26	keya	: 81
		keyago	: 81
Irumu	: 37, 38	keyago	: 61, 81
Ituri	: 31, 34, 35, 36, 37, 38, 39, 41	keze	: 107, 113
		Kibali	: 38, 39, 41, 44
		kibi	: 97, 101
jarabu	: 107, 118, 124	kila	: 68
		Kilo	: 37, 38
kabi	: 76	kindri	: 103

kipi	: 80	lango	: 62
ko ngwa	: 76 84	lapegyo	: 60
kodo kodo	: 107, 111	lari	: 103, 105, 116
kodo	: 108, 108, 112, 113, 125	larifɛ	: 103
		lati	: 107
kologbo	: 82	lati	: 91, 107, 110
koma	: 71	layefo	: 84
komba	: 96, 101	ledre	: 72
kongo	: 98, 101	Lemvo	: 44
kongorolo	: 76	lenya ledre	: 72
konze	: 92, 101	lepa	: 84
konzya	: 99, 100	Lese vokutu	: 37
korogo	: 61	ligu	: 69
koso	: 76	likelemba	: 79
kosya	: 90	limvu	: 84
kosyaba	:90	lodrya	: 84
koya	: 68	logo ago	: 78
kpɛkpɛlɛ	: 108, 113	logo koso	: 76
kubalu	: 76, 77	Logo	: 3, 11, 14, 16, 19, 21, 23, 26, 29, 31, 32, 33, 34, 36, 37, 38, 39, 40, 41, 42, 44, 45, 51, 54, 55, 56, 57, 73, 76, 84, 87, 89, 90, 93, 97, 100, 105, 108, 114, 115, 117, 123, 124, 125, 126, 127, 130, 133, 134
kudi	: 102		
kulapi	: 76, 84		
kulungbu	: 75		
kuruju	: 76		
kuruku	: 71		
Kurukwata	: 44		
kusu	: 60 81		
kɛlɛ	: 62		
kɛlɛpɛ	: 71		
kɛmbɛ	: 104 105		
kɛndrɛ	: 76		
kɛsɛ	: 76, 84		
labe	: 67	Logoti	: 15, 22, 23, 43, 54, 64, 67, 93, 100, 105, 135
Lado	: 34		
lado	: 84		
lakina	: 76	Lolia	: 32, 41, 133
lale	: 94, 101	longa	: 82
ɭamo	: 24, 54	longbo	: 91
Lango	: 37	longboyo	: 91

173

longo	: 105	Mogora	: 39
Lubero	: 38	mogora	: 40
lugbara	: 15, 31, 33, 34, 36, 37, 38, 41, 42	Mondo	: 32, 40, 44, 133
		Mongowa	: 43
		mora	: 72
luwu	: 26, 34, 37	Moru	: 15
		mugu	: 76, 77
Madhiste	: 31	mututu	: 83
Madi	: 15		
madi	: 31	Nagero	: 40
madjula	: 81	ndakpa mva	: 70
magada	: 81	ndakpa	: 70
magaola	: 61, 81	ndala	: 75
majula	:61, 81	ndo	: 31, 36, 37
Makala	: 37, 38	ndri	: 60
Maki	: 36	ndrikare	: 60
makiringba	: 79	nga	: 91
Mala	: 26	nga	: 91, 106, 108, 119
malega	: 107, 111		
malega	: 97, 101	Ngaduma mala	: 40, 42
Mali	: 15	Ngaduma nyari	: 40, 42
maloro	: 84	ngaye	:118
Mambasa	: 39	ngo	: 106
Mambisa	: 37	ngoroko	: 76, 77
Mamvu	: 37	Ngube	: 34
Mamvu	: 37, 38	nguli	: 76
Mangbetu	: 15, 38	Niangara	: 34
mangbogo	: 75	Niari	: 37
mangu	: 96 101	Niay	: 33
maniga	: 75	nya	: 75
manya	: 93, 101	nyagera	: 26
Manzikala	: 39	Nyakolya	: 26
Matafa	: 31, 33, 34, 35, 37, 40, 41, 42	nyanya	: 83
		nyanzigu	: 84
Mayagi	: 37, 38, 39	nyasa	: 94 101
mbombo	: 108, 112, 113	nzere	: 26
mbuka	: 111	Nzetago	: 26
Medje	: 37, 38	nzoro	: 31 41 44
moda	: 74		

Obe	: 41	togya	: 90, 94
Obelɛba	: 32 41	togyaba	: 90
Ogambe	: 32, 33, 34, 35, 41, 42	toka	: 68
		Toko (tokwa)	: 24, 107, 108, 112, 113, 125
okebo	: 31		
Ongbagbala	: 43	toko amvo ajema	: 64
onze	: 94, 101	tombe	: 76, 84
ore	: 99, 100	tretre	: 95
Origo	: 33, 34, 35, 45	tsenga	: 107, 113
Pajulu	: 44, 132	Ubangi	: 40
palageta	: 76, 77	Uélé	: 31, 34
palanga	: 107, 111	Utua	: 32
peya	: 81, 83		
piri	: 70	vora	: 91
piriki	: 81	Vorani	: 26, 33
Redjaf	: 31, 34	wa kega	: 71
ryanga	: 98, 101	wa ledre	: 72
		wa	: 118
sakina	: 76, 77	Walendu	: 38
sango fɛ	: 74	Walese	: 37
sango	: 74	walu	: 108, 1131
sengo	: 76	Wamba	: 38, 39
serega	: 83	Wanande	: 38
Sirigi	: 31, 35	wanza	: 108
suru	: 24, 27	Watsa	: 11, 15, 38, 39, 40, 41, 42
ta	: 91	wo ya	: 79
tadigu	: 127, 128	wongoro	: 83, 84
Tadɛ	: 22, , 125		
Tandia	: 34, 35	Yakane	: 37
Tandroba	: 26	Yanguma	: 41
tapiri	: 76, 84	Yare	: 26
Tchad	: 15	Yegi	: 33, 35
tezaba	:90	Yi kega	: 71
Tibu	: 33	yi ledre	: 72
togo	: 90	yira	: 103
togoba	: 90	yoko	: 97, 101

za	: 119	Zande	: 15, 32, 33
za	: 95, 101, 106, 107, 108, 109, 110	Zombo	: 34, 35, 37, 40, 42
		Zumai	: 34, 41

ANNEXE I. CARTE ROUTIERE DU TERRITOIRE DE FARADJE

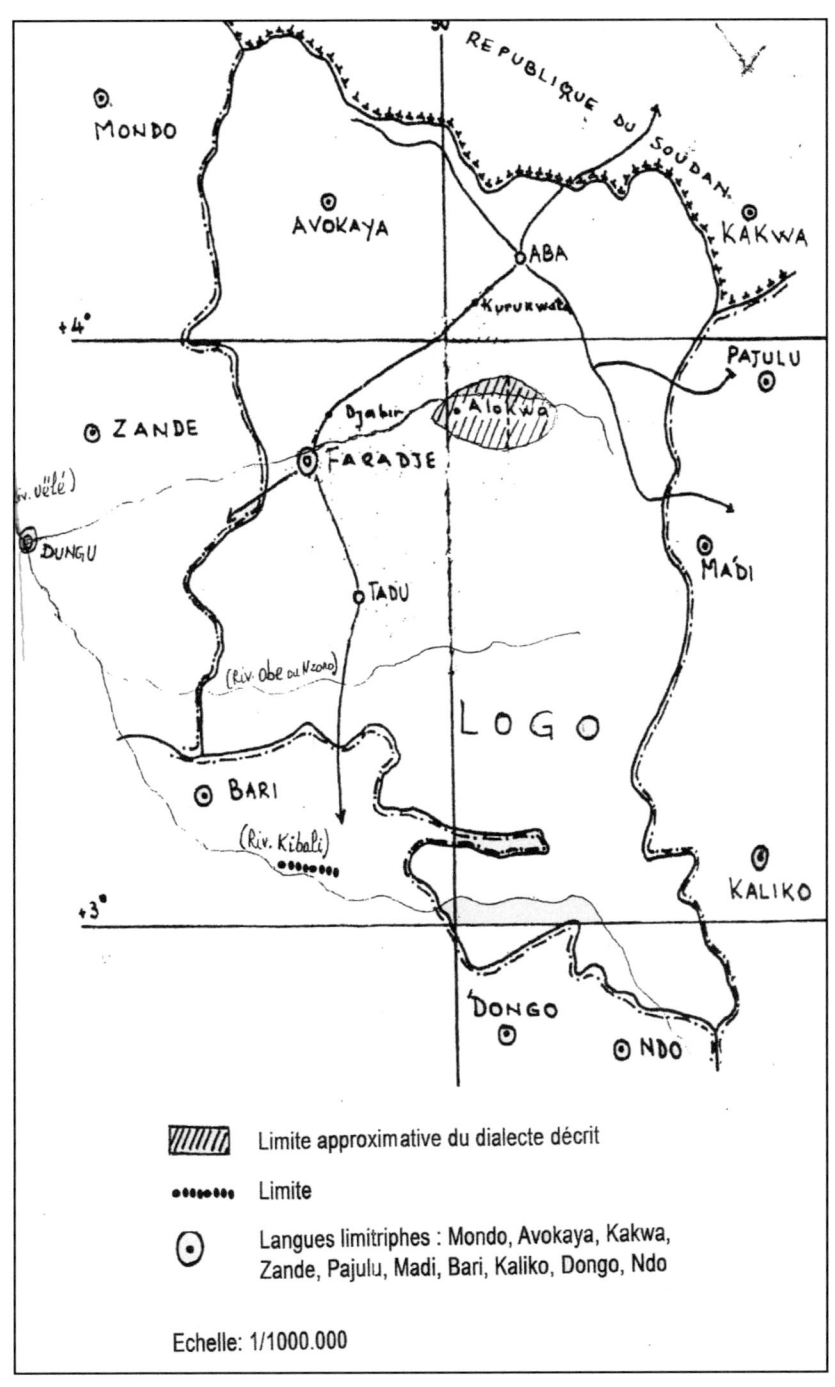

ANNEXE II. CARTE DE L'ETHNIE LOGO ET SES FRONTIERES LINGUISTIQUES

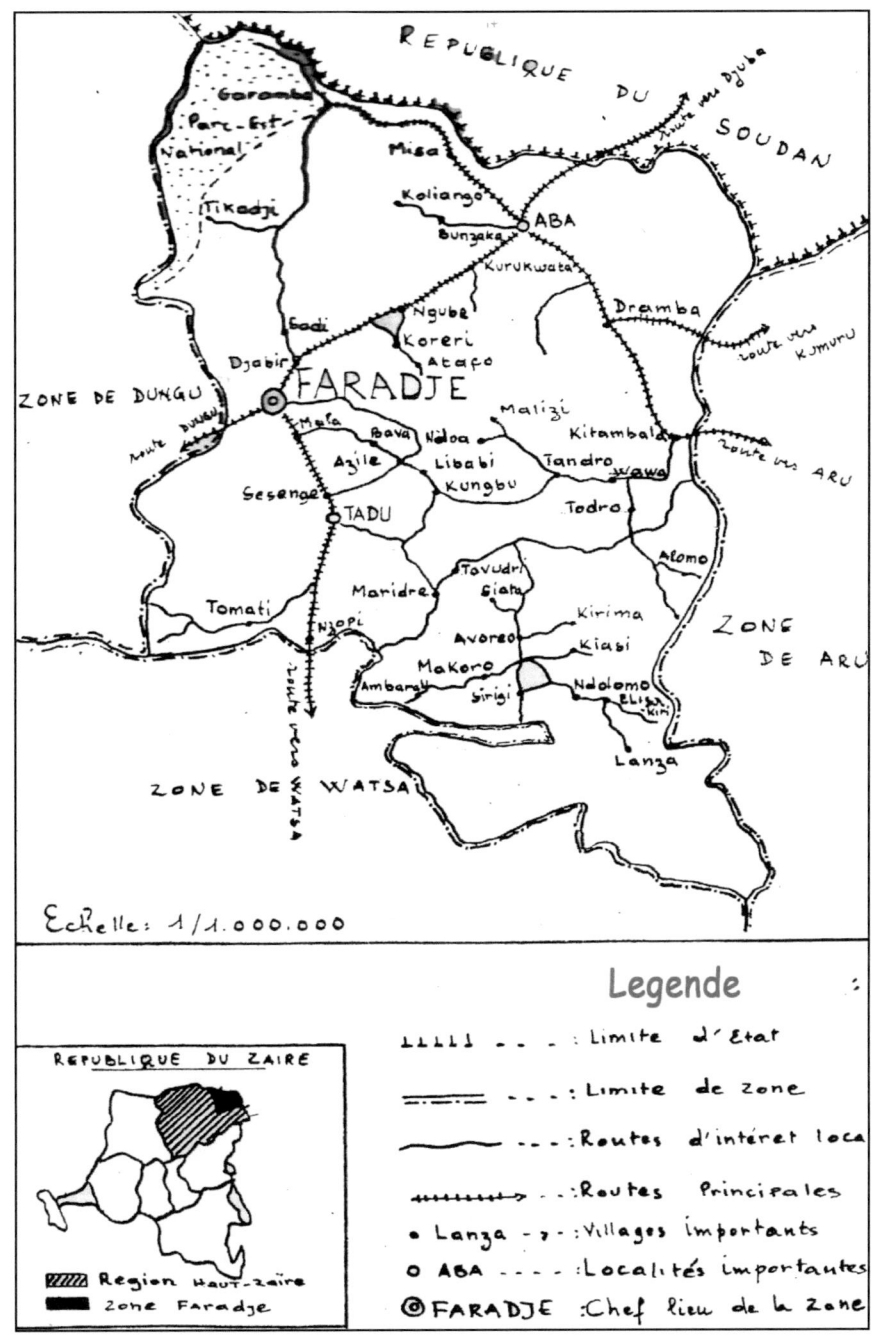

TABLE DES MATIERES

SIGLES ET ABREVIATIONS 9

PREFACE 11

AVANT-PROPOS 13

INTRODUCTION GENERALE 15

CHAPITRE PREMIER. STRUCTURES SOCIALES
TRADITIONNELLES LOGO 19

1.0. Entrée en matière 21
1.1. Institutions sociales logo 21
1.1.1. Idée de famille chez les Logo 21
1.1.1.1. Place de choix réservé à la polygamie 21
1.1.1.2. Interprétation logo de la famille monogamique 23
1.1.1.3. Place de l'homme, des enfants et épouses dans une famille 24
1.2. Qu'en est-il du mot *clan* : la famille élargie 25
1.2.1. Notion de *clan* dans le Dictionnaire Encyclopédique 25
1.2.2. Quintessence du *clan* chez les Logo 26
1.2.3. Quelques caractéristiques d'un clan Logo 26

CHAPITRE DEUXIEME. STRUCTURES SOCIALES LOGO
A LA COLONISATION 29

2.0. Position de problème 31
2.1. Tentitatives de regroupements des populations 31
2.1.1. Prétextes de regroupements 31
2.1.2. Première tentative de regroupement 35
2.1.3. Deuxième tentative : regroupement par affinités claniques ... 36
2.1.4. Troisième tentative de regroupement 38
2.1.5. Quatrième tentative de regroupement 39
2.2. Structures sociales logo à l'arrivée de colons 40
2.3. Tentative d'organisation sociale par des Leaders 40
2.4. Spécificité de l'ethnie Logo 44

CHAPITRE TROISIEME. LE MARIAGE A L'AUNE DE LA FAMILLE 47

3.0. Généralités 49
3.1. Choix des conjoints en général 49
3.2. Formes de mariage 51
3.2.1. Mariage suivant les groupes familiaux 51
3.2.2. Mariage suivant le nombre des conjoints 51
3.3. Le lignage 52
3.3.1. Système patrilinéaire 53
3.3.2. Système matrilinéaire 53
3.3.3. Système mixte 53
3.4. Systèmes patrilinéaires et matrilinéaires en contexte de modernité . 54
3.5. Le mariage chez les Logo 54
3.5.1. Statut du jeune garçon authentique Logo 55
3.5.2. A qui se marie-ton ? 55
3.5.3. Choix des conjoints chez les Logo 56
3.6. Rituels du mariage chez les Logo 57
3.6.1. Premier contact 57
3.6.2. La dot 59
3.6.3. Versement de la dot 59
3.6.3.1. Chèvres et boucs 60
3.6.3.2. Houes 60
3.6.3.3. Arcs et flèches 60
3.6.4. Installation de la jeune femme sous son toit conjugal 64

CHAPITRE QUATRIEME. LA VIE CONJUGALE 65

4.0. Position de problème 67
4.1. Des responsabilités de la femme 67
4.1.1. Premier accouchement 67
4.1.2. Tabous à observer avant et après la naissance 67
4.1.3. Dénomination de l'enfant 68
4.1.4. Matériels dont doit disposer la femme pour les ménages 69
4.1.5. Activités de la vannerie et de la poterie 73
4.2. La femme et ses devoirs dans l'approvisionnement de la famille 75
4.3. Matériels de travail dont se sert l'homme 77
4.3.1. L'homme et ses devoirs conjugaux 78
4.3.2. Les travaux collectifs 79

4.3.3. Difficultés liées au travail collectif dit *wòyá* 79
4.3.4. De la conservation des récoltes 80
4.4. La chasse et la pêche 81
4.5. La cueillette et la récolte des insectes divers 84
4.5.1. Légumes et fruits 84
4.5.2. Insectes 84

CHAPITRE CINQUIEME. QUELQUES VOCABULAIRES, EXPRESSIONS ET CHANSONS LOGOS EN RAPPORT AVEC LA VIE CONJUGALE 87

5.0. Argument 89
5.1. Vocabulaire relatif à la vie conjugale 89
5.2. Expressions relatives à la vie conjugale 89
5.2.1. Quelques expressions-clés 90
5.2.2. Proverbes divers 92
5.3. Catégorisation des proverbes et expressions idiomatiques 100
5.4. Chansons relatives à la vie conjugale 102
5.4.1. Préliminaire 102
5.4.2. A quoi servent les chansons ? 105
5.4.3. Présentation des matériaux 106
5.5. Analyse des contenus des chansons 113

CHAPITRE SIXIEME. SYNTHESE 131

CHAPITRE SEPTIEME. SUPPLEMENT LEXICAL LOGOTI 135

BIBLIOGRAPHIE 167

INDEX 171

ANNEXE I 177

ANNEXE II 179

République démocratique du Congo aux éditions L'Harmattan

Dernières parutions

CINQUANTE-SIX ANS APRÈS, QUE RESTE-T-IL DE PATRICE EMERY LUMUMBA ?
Ngalikpima Venant Fali
Le combat pour libérer le Congo commença d'une façon très atypique, vu le contexte colonial. Les Indigènes n'avaient pas droit à une organisation politique ou syndicale ; les leaders politiques devaient se réunir et agir dans la plus grande discrétion. Pour Lumumba, la formation du MNC marqua le point crucial de sa politique sur le territoire congolais. Sa stature et sa posture d'homme politique et d'État marquèrent le début de son calvaire, le conduisant en prison puis à la mort dans des circonstances peu claires...
(Coll. Points de vue, 12.50 euros, 104 p.)
ISBN : 978-2-343-12803-0, ISBN EBOOK : 978-2-14-005111-1

L'ÉCHEC DU PARADIGME DE L'ÉTAT MODERNE EN RDC
Le projet d'un pacte social
Kabongo Kapenda Flory E. - Préface de Denis Kialuta Longana
Cinquante-sept années après l'indépendance, la RDC ressemble à un État mort-né. Issue de la décolonisation, la RDC a l'ambition de s'approprier le modèle occidental de l'État moderne. Aujourd'hui, il apparaît clairement qu'il faut repenser le concept de l'État en Afrique sur le fond d'un double pacte de sécurité suivant sa définition par Michel Foucault, qui y voit le fondement du rapport entre l'État et sa population. Un vrai pacte de sécurité est un pacte social, porté par des valeurs de solidarité, de justice sociale et de progrès collectif. Un défi pour les pays africains et pour la RDC en particulier.
(Coll. Points de vue, 16.00 euros, 146 p.)
ISBN : 978-2-343-12824-5, ISBN EBOOK : 978-2-14-004977-4

CURRICULUM POUR UN ENSEIGNEMENT SUPÉRIEUR ET UNIVERSITAIRE PROFESSIONNALISANT
Musomo Amundala Richard
En prenant en compte l'adéquation entre formation et emploi, cet ouvrage présente une démarche pour la construction et le développement des curricula académiques pour un enseignement supérieur et universitaire professionnalisant. L'enseignement supérieur nécessite aujourd'hui divers changements profonds, qu'il faut appliquer dans l'optique de la professionnalisation.
(Harmattan RDC, 15.50 euros, 140 p.)
ISBN : 978-2-343-13228-0, ISBN EBOOK : 978-2-14-005088-6

LE MARIAGE COUTUMIER CHEZ LES BUDU EN RÉPUBLIQUE DÉMOCRATIQUE DU CONGO
Balabala Désiré
Dans une région vaste du nord-est de la République démocratique du Congo vit une communauté ethnique : les Budu. Elle partage certaines de ses traditions avec ses voisins du territoire de Wamba ; notamment le cas du mariage coutumier. La cérémonie matrimoniale la plus prestigieuse de la région a longtemps été une longue et fastueuse procession consistant à accompagner la future mariée jusqu'au domicile conjugal. Ces traditions sont de nos jours mises à rude épreuve par

les mutations sociétales. L'auteur de l'ouvrage tente d'y restituer un pan du patrimoine culturel africain menacé.
(Coll. Études africaines, 18.50 euros, 176 p.)
ISBN : 978-2-343-11768-3, ISBN EBOOK : 978-2-14-005127-2

LA PROTECTION DE LA VEUVE EN RÉPUBLIQUE DÉMOCRATIQUE DU CONGO
Quelle effectivité ?
Vumilia Nakabanda Nathalie - Préface de Jean-Louis Renchon
La veuve légale a certes des droits légalement consacrés mais leur mise en œuvre bute sur plusieurs obstacles. L'influence de la coutume est déterminante. La difficulté d'accès à la justice, l'ignorance, l'analphabétisme, les stéréotypes, le patriarcat... limitent l'effectivité de la protection de la veuve. Pour devenir effective, la protection de la veuve légale, de la veuve de fait, de la veuve coutumière, de la veuve polygyne nécessite des programmes appropriés à chacune de ces catégories. Le concours de la société civile et des divers partenaires internationaux sera nécessaire.
(Coll. Études africaines, 68.00 euros, 954 p.)
ISBN : 978-2-343-13092-7, ISBN EBOOK : 978-2-14-004932-3

LE MAYOMBE
Histoire économique et socioculturelle des Yombe de la RD Congo
Khonde Ngoma Di Mbumba Côme – Préface d'Emmanuel Luzolo Bambi Lessa
Ce livre retrace l'histoire du peuple yombe de la RD Congo dans sa vie quotidienne et dans ses relations internes et externes, les contacts avec les Européens notamment. Il révèle également le vrai visage du Muyombe (l'habitant), contrairement à certaines réalités vécues actuellement dans le Mayombe (région) d'aujourd'hui. Il démontre que cette région, dont l'économie était basée sur l'agriculture, a été le poumon de l'économie du Kongo central. Aujourd'hui la production d'huile de palme constitue l'activité économique locale majeure.
(Harmattan RDC, 26.50 euros, 254 p.)
ISBN : 978-2-343-13058-3, ISBN EBOOK : 978-2-14-004754-1

PROVERBES ET DICTONS BABEMBA DU HAUT-KATANGA (RDC)
Vivre dans la paillote à palabres
Lubembo Kabéké, Manikunda Masata
Récoltés dans la région de Luapula-Moëro, ces proverbes sont passés au crible des points de vue des vieux et sages. Le souci des auteurs de ce répertoire est de meubler la génération montante d'une banque de données (jeu du langage, philosophie populaire, préceptes moraux, maxime, devise, imaginaire collectif, mémoire, humour, histoire et tradition orale).
(Harmattan RDC, 20.00 euros, 196 p.)
ISBN : 978-2-343-13060-6, ISBN EBOOK : 978-2-14-004720-6

ATOUTS ET PESANTEURS PSYCHOSOCIOLOGIQUES AU DÉVELOPPEMENT EN RD CONGO
Kakura Baudouin - Préface de Rémy Mbaya Mudimba
La pauvreté et le sous-développement de la RD Congo ont essentiellement des déterminants psychosociologiques et culturels. Leur réduction passe par la conscientisation des Congolais, qui vivent pourtant dans un environnement plein de ressources naturelles et potentialités économiques. Cet ouvrage analyse les pesanteurs gênant le développement ainsi que les atouts pour la prospérité de la RD Congo.
(Harmattan RDC, 21.50 euros, 208 p.)
ISBN : 978-2-343-13061-3, ISBN EBOOK : 978-2-14-004718-3

IMAGE DE SOI ET DISCOURS ÉLECTORAUX
Analyse des stratégies de communication électorale des présidentiables de 2011 en RDC
Katubadi Mputu Célestin - Préface de François-Xavier Budim'bani Yambu
LA RDC a connu deux élections générales au suffrage universel direct en 2006 et en 2011. Au cours de ces élections, les médias saisissent l'opportunité de mettre en scène les enjeux des élections, les candidats et leurs projets de société. La construction d'une image valorisante de

soi est devenue une préoccupation majeure des présidentiables. L'auteur examine comment cette image s'élabore et comment elle construit des identités et exerce son influence.
(Coll. Études africaines, 21.50 euros, 212 p.)
ISBN : 978-2-343-10559-8, ISBN EBOOK : 978-2-14-004854-8

LE KIVU BALKANISÉ
Miroir d'une mondialisation mafieuse
Ramazani Bishwende Augustin
La province du Kivu, voisine du Rwanda, du Burundi et de l'Ouganda appartient aujourd'hui à la République démocratique du Congo. Militant, l'auteur nous livre ici un plaidoyer pour qu'il ne soit pas annexé aux pays voisins en incitant ses compatriotes à s'indigner, afin que cessent les guerres qui se disputent les ressources sur ses terres. Génocides, massacres, déplacements de population, l'auteur en appelle également à la responsabilité des politiques en place à Kinshasa pour que soient reconnus et jugés les nombreux crimes commis dans la région, et que celle-ci soit enfin sécurisée.
(Coll. Points de vue, 10.00 euros, 58 p.)
ISBN : 978-2-343-11796-6, ISBN EBOOK : 978-2-14-004422-9

ESPÉRANCE POUR LE CONGO ET L'AFRIQUE
Kakulé Matumo Kitswiri Paul
L'auteur, en livrant sa vision pour la République démocratique du Congo, et par ricochet pour l'Afrique, dans une pertinence et une perspicacité qui défient l'imagination, montre la voie qui est espérance pour plusieurs générations. Il ouvre un débat sur le développement de l'Afrique. Il s'agit d'une vision, d'un dialogue.
(Coll. Points de vue, 27.00 euros, 262 p.)
ISBN : 978-2-343-12660-9, ISBN EBOOK : 978-2-14-004433-5

CLASSIFICATION GÉNÉRALE DES EMPLOIS EN RDC
Bumba Monga Ngoy Antoine-Roger
Sur les plans social et économique, toute organisation compte sur l'homme, première ressource de l'entreprise devant les autres ressources matérielles, financières et/ou immatérielles. La sélection, l'orientation et la formation professionnelle, l'affectation rationnelle des personnes aux postes de travail, la définition des tâches et leurs exercices… sont autant d'apports de la psychologie à la direction, en vue d'un travail de qualité qui assure la rentabilité économique de l'organisation. Ce livre propose une classification générale des emplois.
(Harmattan RDC, 27.00 euros, 258 p.)
ISBN : 978-2-343-12716-3, ISBN EBOOK : 978-2-14-004544-8

LES RÉFORMES ADMINISTRATIVES ET TERRITORIALES DE LA DÉCENTRALISATION EN RÉPUBLIQUE DÉMOCRATIQUE DU CONGO
Entre l'impasse et leur mise en œuvre effective
Kiana Nsiabar Hervé
L'auteur présente une analyse de la décentralisation et des réformes importantes qu'elle introduit dans le système d'organisation et de fonctionnement de l'État congolais. Sur la base d'une réflexion minutieuse, il présente également une analyse des facteurs pouvant expliquer l'impasse dans laquelle se trouvent ces réformes de la décentralisation dans leur mise en œuvre, onze ans après la promulgation de la Constitution de la Troisième République.
(Coll. Études africaines, 24.00 euros, 268 p.)
ISBN : 978-2-343-12245-8, ISBN EBOOK : 978-2-14-004558-5

L'ORGANISATION DES MARCHÉS FINANCIERS EN RÉPUBLIQUE DÉMOCRATIQUE DU CONGO
Pour l'instauration d'une bourse des valeurs mobilières
Nyembo Tampakanya Jean-Paul
Il manque en RDC une réglementation idoine du financement de son économie. La stabilité politique et socio-économique, l'implantation des établissements de crédit à travers le territoire

national et la crédibilisation du franc congolais sont les préalables à l'efficacité des marchés. Ainsi, une loi sur la bourse des valeurs mobilières et la modernisation des services financiers apparaît comme la condition nécessaire pour arriver à une croissance réelle et ordonnée de l'économie.
(Coll. Logiques Juridiques, 31.00 euros, 300 p.)
ISBN : 978-2-343-13016-3, ISBN EBOOK : 978-2-14-004593-6

COURS DE DOCIMOLOGIE
Destiné aux étudiants de première licence en psychologie scolaire et en sciences de l'éducation
Banza Lenge Kikwike Paulin
L'important dans un système éducatif est non seulement de bien enseigner, mais aussi de se demander dans quelle mesure un bon enseignement apporte un bon résultat. La docimologie en tant que discipline scientifique autonome concentre son attention sur les problèmes d'évaluation des apprentissages en milieu scolaire ou dans le processus d'enseignement-apprentissage. Elle aborde les réalités liées à la formulation des questions, à la pondération, à l'administration des questions ainsi qu'à la correction et la transcription des cotes.
(Coll. Notes de cours, 13.00 euros, 110 p.)
ISBN : 978-2-343-12455-1, ISBN EBOOK : 978-2-14-004508-0

LES ORIGINAIRES ET NON-ORIGINAIRES EN RÉPUBLIQUE DÉMOCRATIQUE DU CONGO
Sous la direction de Obotela Rashidi Noël - Préface de Léon de Saint Moulin
Les contributions réunies ici retracent successivement le parcours historique de cette problématique, la source des conflits entre «originaires» et «non-originaires», la gestion des espaces, la recherche d'une administration efficiente pour la décentralisation, les témoignages de ceux qui ont œuvré au sein de la territoriale.
(Coll. La Région des Grands Lacs Africains, 25.50 euros, 240 p.)
ISBN : 978-2-343-11761-4, ISBN EBOOK : 978-2-14-004139-6

LES BIDONVILLES DE KINSHASA
Nzuzi Francis Lelo - Préface de Léon de Saint Moulin
Kinshasa continue à fasciner, tant elle est effrayante et attirante. Elle connaît une explosion urbaine depuis l'indépendance de la RDC en 1960 et sa métropolisation est à l'origine de la grande crise des logements sociaux. La ville continue à se bidonvilliser car ses nouveaux quartiers ne sont pas accessibles aux plus démunis. Est-ce que la ville va continuer à produire des bidonvilles surpeuplés et dangereux ? Ce livre propose de délocaliser les grands bidonvilles de la commune industrielle de Limete à Kingabwa pour les remplacer par des infrastructures de transports, absentes actuellement à Kinshasa.
(Harmattan RDC, 28.00 euros, 270 p.)
ISBN : 978-2-343-12467-4, ISBN EBOOK : 978-2-14-004281-2

DÉVELOPPEMENT DURABLE ET POLITIQUE DE ZONES ÉCONOMIQUES SPÉCIALES EN RÉPUBLIQUE DÉMOCRATIQUE DU CONGO
Mapendo Christian
Dans sa quête du développement durable, la RDC est en train de mettre en place une politique de zones économiques spéciales ayant pour objectif le développement économique. Entre-temps le pays s'est engagé dans la COP 21. Faudra-t-il restreindre son plan d'industrialisation pour ne pas émettre trop de gaz à effet de serre ? Faudra-t-il opter pour les pratiques de l'économie circulaire ou celles de zones économiques spéciales de réinvestissement ?
(Coll. Études africaines, 20.50 euros, 198 p.)
ISBN : 978-2-343-10799-8, ISBN EBOOK : 978-2-14-004194-5

Structures éditoriales du groupe L'Harmattan

L'Harmattan Italie
Via degli Artisti, 15
10124 Torino
harmattan.italia@gmail.com

L'Harmattan Hongrie
Kossuth l. u. 14-16.
1053 Budapest
harmattan@harmattan.hu

L'Harmattan Sénégal
10 VDN en face Mermoz
BP 45034 Dakar-Fann
senharmattan@gmail.com

L'Harmattan Mali
Sirakoro-Meguetana V31
Bamako
syllaka@yahoo.fr

L'Harmattan Cameroun
TSINGA/FECAFOOT
BP 11486 Yaoundé
inkoukam@gmail.com

L'Harmattan Togo
Djidjole – Lomé
Maison Amela
face EPP BATOME
ddamela@aol.com

L'Harmattan Burkina Faso
Achille Somé – tengnule@hotmail.fr

L'Harmattan Côte d'Ivoire
Résidence Karl – Cité des Arts
Abidjan-Cocody
03 BP 1588 Abidjan
espace_harmattan.ci@hotmail.fr

L'Harmattan Guinée
Almamya, rue KA 028 OKB Agency
BP 3470 Conakry
harmattanguinee@yahoo.fr

L'Harmattan Algérie
22, rue Moulay-Mohamed
31000 Oran
info2@harmattan-algerie.com

L'Harmattan RDC
185, avenue Nyangwe
Commune de Lingwala – Kinshasa
matangilamusadila@yahoo.fr

L'Harmattan Maroc
5, rue Ferrane-Kouicha, Talaâ-Elkbira
Chrableyine, Fès-Médine
30000 Fès
harmattan.maroc@gmail.com

L'Harmattan Congo
67, boulevard Denis-Sassou-N'Guesso
BP 2874 Brazzaville
harmattan.congo@yahoo.fr

Nos librairies en France

Librairie internationale
16, rue des Écoles – 75005 Paris
librairie.internationale@harmattan.fr
01 40 46 79 11
www.librairieharmattan.com

Lib. sciences humaines & histoire
21, rue des Écoles – 75005 Paris
librairie.sh@harmattan.fr
01 46 34 13 71
www.librairieharmattansh.com

Librairie L'Espace Harmattan
21 bis, rue des Écoles – 75005 Paris
librairie.espace@harmattan.fr
01 43 29 49 42

Lib. Méditerranée & Moyen-Orient
7, rue des Carmes – 75005 Paris
librairie.mediterranee@harmattan.fr
01 43 29 71 15

Librairie Le Lucernaire
53, rue Notre-Dame-des-Champs – 75006 Paris
librairie@lucernaire.fr
01 42 22 67 13